SUPERE A PROCRASTINAÇÃO DE UMA VEZ POR TODAS

Overcoming procrastination

Diretor editorial
Luis Matos

Gerente editorial
Marcia Batista

Assistentes editoriais
Letícia Nakamura
Raquel F. Abranches

Tradução
Monique D'Orazio

Preparação
Nilce Xavier

Revisão
Ricardo Franzin
Nestor Turano Jr.

Diagramação e capa
Renato Klisman

Dados Internacionais de Catalogação na Publicação (CIP)
Angélica Ilacqua CRB-8/7057

W735s

Windy, Dryden
Supere a procrastinação de uma vez por todas :
estratégias para desenvolver o seu potencial em tempo recorde / Windy Dryden ; tradução de Monique D'Orazio. -- São Paulo : Universo dos Livros, 2023.
176 p : il.

ISBN 978-65-5609-320-8
Título original: *Overcoming procrastination*

1. Procrastinação 2. Administração do tempo Autorrealização (Psicologia)
I. Título II. D'Orazio, Monique

22-6381 CDD 640.43

Universo dos Livros Editora Ltda.
Avenida Ordem e Progresso, 157 — 8º andar — Conj. 803
CEP 01141-030 — Barra Funda — São Paulo/SP
Telefone: (11) 3392-3336
www.universodoslivros.com.br
e-mail: editor@universodoslivros.com.br

DR. WINDY DRYDEN

SUPERE A PROCRASTINAÇÃO DE UMA VEZ POR TODAS

Estratégias para **desenvolver** o seu **potencial** em **tempo recorde**

São Paulo
2023

Grupo Editorial
UNIVERSO DOS LIVROS

SUMÁRIO

PREFÁCIO

Nunca fui o tipo de pessoa que sofre de procrastinação. Pelo contrário, eu tento fazer as tarefas bem antes do prazo. Será que isso me habilita a escrever um livro sobre como superar a procrastinação? Acredito que sim. Talvez você pense que seria preferível se eu fosse um procrastinador que aprendeu a superar esse hábito – e talvez tenha razão. No entanto, não é o caso. O que eu trago para este livro, todavia, é meu conhecimento dos motivos que levam as pessoas a procrastinar e o que elas podem fazer para se ajudar. Trabalho como terapeuta há mais de 45 anos e, ao longo de todo esse tempo, adquiri muita experiência em ajudar pacientes a superar seus problemas de procrastinação. Espero que isso possa ser considerado qualificação suficiente para eu ter escrito esta obra.

Dividi o livro em três partes. Na Parte 1, analiso, em termos gerais, a natureza da procrastinação, por que cedemos a ela e como podemos superá-la. Na Parte 2, avalio os diferentes tipos de procrastinação e apresento formas de lidar com o tipo específico que se aplica a você. Para tirar máximo proveito desse conteúdo, assimile e pratique o conteúdo da Parte 1 antes. Por fim, na Parte 3, descrevo uma miscelânea de dicas práticas e psicológicas para superar a procrastinação.

Ao longo do livro, enfatizo a importância de identificar, examinar e mudar as atitudes rígidas e extremas que sustentam todas as formas de procrastinação, e a importância de desenvolver uma filosofia antiprocrastinação, composta de atitudes alternativas flexíveis e não extremas. Talvez você se sinta tentado a ir direto para a Parte 3, a fim de descobrir maneiras rápidas e fáceis de lidar com o problema. Por favor, resista! Quero reforçar que, primeiro, você precisa digerir e implementar o conteúdo da Parte 1 para que os conselhos que dou na Parte 3 tenham um impacto duradouro.

Não existe uma resposta rápida para superar a procrastinação: essa é a má notícia. Mas a boa notícia é que você pode se ajudar aplicando regularmente os métodos que descrevo aqui, em especial os da Parte 1. Portanto, não leia este livro apenas. Coloque-o em prática! Você pode se surpreender com os resultados.

PARTE 1

PROCRASTINAÇÃO

O que é, por que você procrastina e o que pode fazer a respeito

1

O QUE É PROCRASTINAÇÃO?

Anos atrás, deparei-me com uma pesquisa de mercado realizada no Reino Unido sobre a quantidade de tempo que desperdiçamos. O resultado era alarmante. O relatório mostrava que passamos, em média, a cada semana: 1 hora e 30 minutos parados em engarrafamentos, 36 minutos esperando o transporte público, 1 hora e 24 minutos lidando com burocracia, 1 hora e 12 minutos aguardando em filas de lojas ou bancos, 1 hora e 24 minutos procurando coisas em casa e 1 hora e 18 minutos tentando comprar produtos que não encontramos. Ao todo, desperdiçamos cerca de 7 horas e 30 minutos por semana nessas atividades, o que equivale aproximadamente a dois anos e meio considerando a expectativa de vida média.

Embora possamos não ter muito controle sobre alguns desses fatores, temos muito mais controle sobre como gastamos nosso tempo em outras áreas. Mas será que usamos esse tempo com sabedoria? Fazemos tarefas que são do nosso interesse quando é do nosso interesse fazê-las? A resposta é que alguns de nós fazem, mas a maioria, não. A maioria de nós procrastina. E o que significa o termo "procrastinação"? Significa deixar para amanhã o que é do nosso interesse fazer hoje.

Assim, a procrastinação tem três componentes principais:

- Uma tarefa cuja execução é do nosso interesse.
- Um prazo dentro do qual é importante que nossa ação aconteça.
- Um adiamento dessa ação para momento posterior.

Além disso, a procrastinação envolve um ou mais adiamentos adicionais até que a ação seja executada:

- No último minuto.
- Após o prazo devido.
- Nunca.

Todos nós procrastinamos em algum momento de nossas vidas. Quantos de nós, por exemplo, não adiamos o pagamento de um boleto até o último instante, quando o mais sensato teria sido pagar antes da data do vencimento? Com certeza, não é minha intenção escrever um livro com a esperança de persuadi-lo a se livrar de todas as formas de procrastinação de sua vida. Se fosse esse meu objetivo, meu fracasso seria inevitável. Por quê? Porque a procrastinação é parte da condição humana. Seria como tentar banir todas as formas de ansiedade da sua vida: é impossível. Em vez disso, escrevi este livro sobretudo para aqueles que têm um problema crônico de procrastinação e que sofrem sem necessidade por adiarem rotineiramente, em uma ou várias áreas de suas vidas, as tarefas que devem ser feitas.

Principais áreas de procrastinação

Antes de discutirmos em mais detalhes a procrastinação crônica, permita-me rever brevemente as áreas básicas em que procrastinamos. No campo do esforço humano, é possível procrastinar qualquer obrigação ou responsabilidade, mas parece-me (e também a outros que escreveram sobre o assunto) que procrastinamos em especial nas áreas de:

- Manutenção pessoal.
- Desenvolvimento pessoal.
- Cumprimento de nossos compromissos com os outros.

Embora essas três áreas possam se sobrepor e, de fato, muitas vezes se sobreponham, abordarei brevemente uma de cada vez.

Manutenção pessoal

Quando procrastinamos na área de manutenção pessoal, adiamos ações que sustentam nossa vida nas seguintes áreas: saúde, higiene pessoal, finanças, administração pessoal, condições gerais de vida (como limpeza, organização e manutenção do local onde vivemos) e trabalho.

Desenvolvimento pessoal

Quando procrastinamos na área de desenvolvimento pessoal, adiamos ações que melhoram nossa vida em áreas como: desenvolvimento de interesses pessoais, melhoria das oportunidades de avanço na carreira, obtenção de mais qualificações acadêmicas ou profissionais e ampliação de conhecimento em áreas específicas e/ou gerais.

Cumprimento de nossos compromissos com os outros

Às vezes, assumimos com as pessoas compromissos que, na hora, estamos totalmente preparados para honrar, mas que, mais tarde, consideramos onerosos ou dos quais nos arrependemos. Em vez de "aguentarmos o tranco" e cumprirmos o que foi combinado, adiamos, esperando que talvez o outro se esqueça de nossa promessa. Por exemplo, eu edito vários textos acadêmicos e costumo dar àqueles que aceitam contribuir prazos bem generosos para que redijam seus respectivos capítulos. No entanto, ao longo dos anos, um grande número de colaboradores enviou seus textos com atraso, incomodando tanto a mim, como editor, quanto às casas editoriais, que geralmente têm cronogramas de publicação apertados.

Pois bem. Tendo abordado as principais áreas em que procrastinamos, deixe-me agora discutir a natureza da procrastinação crônica com mais detalhes.

Procrastinação crônica: quando a situação fica realmente ruim

Como já disse, este livro é direcionado principalmente a pessoas que sofrem de procrastinação crônica, que pode ser classificada em dois tipos:

- Procrastinação específica crônica.
- Procrastinação geral crônica.

Quem enfrenta a procrastinação crônica específica tende a ter um problema recorrente para cumprir prazos em uma determinada área da vida; mas, em outras áreas, provavelmente não tem problemas com procrastinação. Por exemplo: um dos meus clientes faz tudo no prazo e, muitas vezes, bem antes do tempo em todas as áreas de sua vida, exceto uma. Essa pessoa procrastina em tarefas relacionadas a seus assuntos fiscais, e faz isso há anos, o que já resultou em inúmeras multas e auditorias demoradas, que não teriam acontecido se tivesse lidado com seus assuntos fiscais dentro do prazo.

Já quem enfrenta a procrastinação geral crônica é propenso a procrastinar em várias áreas importantes da vida, age dessa maneira há anos e sofre constantemente por procrastinar. Creio que não preciso nem dizer que é difícil superar a procrastinação crônica, sobretudo para quem sofre de procrastinação geral e crônica, pois ela se torna praticamente um estilo de vida.

A ajuda está ao seu alcance

Tenho duas notícias boas e uma notícia ruim. A primeira boa notícia é que você pode se ajudar a superar os dois tipos de procrastinação crônica. Ajudei centenas de pessoas, cujas vidas foram arruinadas por seu estilo evasivo de lidar com as questões, a superar a procrastinação.

A má notícia é que não é uma tarefa fácil. Antes de fechar este livro e deixá-lo de lado (o que você ficará fortemente tentado a fazer se tiver um problema crônico de procrastinação), por favor, me dê uma chance de explicar.

A procrastinação crônica é, por definição, um mau hábito, e hábitos levam tempo para serem mudados. Não há como contornar esse fato sombrio. No entanto, se você aceitar essa realidade (por mais que não goste dela), pelo menos se dará a chance de quebrar seu mau hábito de procrastinar. Eis o que você precisa fazer:

- *Focar na tarefa* – Identifique a tarefa que precisa fazer.
- *Identificar as razões para fazer a tarefa* – Não basta identificar a tarefa que precisa ser feita; você também precisa se lembrar das razões por que deve fazê-la.

- *Desenvolver a percepção* – Aprenda a identificar quando você está, de fato, procrastinando.
- *Comprometer-se com a tarefa* – Faça um acordo consigo mesmo de que vai fazer o que precisa ser feito.
- *Desenvolver tolerância ao desconforto* – Aprenda a suportar dores de curto prazo para obter ganhos de longo prazo.
- *Ser persistente* – Esteja disposto a repetir os procedimentos que discutirei ao longo do livro até que se tornem naturais para você e convertam sua vontade em ação.

Se você sofre de procrastinação crônica (seja em uma área específica ou de forma mais geral), pode ficar tentado a pensar que é um desastre nas qualidades acima, em especial na área da procrastinação. No entanto, eu garanto que você é capaz de se concentrar em uma tarefa, de tomar ciência de sua procrastinação, de comprometer-se com um curso de ação e de suportar o desconforto de executá-la e ser persistente. Sem dúvida, você já fez tudo isso em diferentes áreas da sua vida.

Assim, pense em um momento em que você:

- Concentrou-se em uma tarefa.
- Estava ciente de que procrastinava.
- Comprometeu-se com um curso de ação.
- Tolerou o desconforto por um bom motivo.
- Foi persistente em buscar algo que era importante para você.

Não preciso ensinar essas habilidades: você já as possui no seu repertório, e eu arriscaria um palpite: é muito bom em usá-las. O que eu quero encorajá-lo a fazer é transferir o uso dessas habilidades para o foco da nossa conversa aqui – superar a procrastinação. Essa é a segunda boa notícia que lhe prometi.

Espero pelo menos ter despertado seu interesse para que continue a ler este livro. Como eu disse, o caminho para superar a procrastinação não é fácil, mas pode ser desbravado e, como acabei de mostrar, você já tem todas as ferramentas à sua disposição para seguir nessa jornada trabalhosa, porém gratificante.

2

COMO SABER SE VOCÊ ESTÁ PROCRASTINANDO

Se você sofre de procrastinação crônica específica e, particularmente, se seu problema de procrastinação crônica é de natureza mais geral, decerto é muito hábil em enganar a si mesmo. É provável que mantenha uma série de racionalizações e desculpas plausíveis na manga para explicar a si mesmo, em um piscar de olhos, que você *não* está procrastinando. Então, como saber se está, de fato, procrastinando?

Para responder a essa pergunta, é preciso ser muito honesto. Faça a si mesmo uma série de indagações e, em seguida, encontre respostas sinceras para elas. A primeira é a seguinte:

É do meu melhor interesse fazer esta tarefa?

Se não atende ao seu melhor interesse realizar a tarefa em questão, o adiamento não configura procrastinação. Pode ser que outra pessoa queira que você faça a tarefa por razões próprias ou pense que é do seu interesse fazê-la. No entanto, nenhum desses fatores significa necessariamente que a execução da tarefa envolva um bom propósito para *você*. Portanto, encontre boas razões que expliquem por que tal tarefa atende ao seu melhor interesse. Se estiver em dúvida, faça uma análise do custo-benefício.

Nessa análise, pondere dois cenários: um em que você executa a tarefa e outro em que não a executa. Então, especifique os interesses aos quais você acredita que a atividade atenderá. Permita-me oferecer um exemplo ilustrativo de minha própria vida. Preciso escolher se devo me exercitar ou não. Tenho duas opções:

- **Opção 1:** Caminhada em ritmo acelerado por 50 minutos diários.
- **Opção 2:** Ficar deitado na cama em vez de caminhar.

Então, especifico os benefícios que suponho que uma caminhada em ritmo acelerado me trará:

Benefícios: manter a minha saúde.

A Tabela 2.1 fornece um questionário de análise de custo-benefício que sugiro que você use para responder à pergunta: é do meu melhor interesse fazer a tarefa? Note que o questionário tem três componentes principais. Primeiro, pede que você considere as vantagens (ou benefícios) e as desvantagens (ou custos) subjacentes a cada opção. Depois, pede que você analise essas vantagens, tanto de uma perspectiva de curto quanto de longo prazo, e, finalmente, que avalie as vantagens e desvantagens em relação a você e aos demais envolvidos. Tenha em mente os seus melhores interesses ao escolher uma alternativa.

Já a Tabela 2.2 mostra a análise de custo-benefício que fiz entre acordar cedo para me exercitar ou ficar deitado. Perceba que, no curto prazo, parece que terei mais vantagens se dormir até um pouco mais tarde de manhã do que se me levantar para fazer exercícios, enquanto a imagem de longo prazo claramente favorece a opção da caminhada em ritmo acelerado. Então, por que eu decido caminhar? Porque a caminhada atende ao melhor interesse de manutenção da minha saúde.

Isso aponta para uma questão central na compreensão da dinâmica da procrastinação. É tão importante que vou deixar destacado em um boxe para você.

As pessoas procrastinam quando, rotineiramente, dão mais peso às vantagens de curto prazo trazidas pela não execução de uma tarefa de seu interesse do que às vantagens de longo prazo trazidas pela tarefa em questão.

Portanto, ao ponderar se determinada tarefa é ou não de seu interesse, considere as questões de longo prazo, bem como as questões de curto prazo. Se ainda estiver em dúvida, pergunte a si mesmo qual conselho daria a um amigo próximo ou parente que tivesse dado as mesmas respostas que você no questionário de análise de custo-benefício. Isto é, se eu estivesse em dúvida entre fazer uma caminhada acelerada ou ficar mais tempo deitado e um amigo próximo me perguntasse o que fazer nas mesmas circunstâncias, eu claramente o aconselharia a fazer uma caminhada diária se ele estivesse preocupado em manter a saúde.

Tabela 2.1 Questionário de análise de custo-benefício

VANTAGENS/BENEFÍCIOS DE ....

Vantagens/benefícios de curto prazo	Vantagens/benefícios de longo prazo
Para mim:	**Para mim:**
1.	1. ....
2.	2. ....
3.	3. ....
4.	4. ....
5.	5. ....
Para os outros:	**Para os outros:**
1.	1. ....
2.	2. ....
3.	3. ....
4.	4. ....
5.	5. ....

DESVANTAGENS/CUSTOS DE ....

Desvantagens/custos de curto prazo

Para mim:

1. ....
2. ....
3. ....
4. ....
5. ....

Para os outros:

1. ....
2. ....
3. ....
4. ....
5. ....

Desvantagens/custos de longo prazo

Para mim:

1. ....
2. ....
3. ....
4. ....
5. ....

Para os outros:

1. ....
2. ....
3. ....
4. ....
5. ....

VANTAGENS/BENEFÍCIOS DE ....

Vantagens/benefícios de curto prazo

Para mim:

1. ....
2. ....
3. ....
4. ....
5. ....

Para os outros:

1. ....
2. ....
3. ....
4. ....
5. ....

Vantagens/benefícios de longo prazo

Para mim:

1. ....
2. ....
3. ....
4. ....
5. ....

Para os outros:

1. ....
2. ....
3. ....
4. ....
5. ....

DESVANTAGENS/CUSTOS DE ....

Desvantagens/custos de curto prazo	Desvantagens/custos de longo prazo
Para mim:	**Para mim:**
1.	1. ....
2.	2. ....
3.	3. ....
4.	4. ....
5.	5. ....
Para os outros:	**Para os outros:**
1.	1. ....
2.	2. ....
3.	3. ....
4.	4. ....
5.	5. ....

Tabela 2.2 Exemplo de um questionário de análise de custo-benefício preenchido

VANTAGENS/CUSTOS DA CAMINHADA ACELERADA POR 50 MINUTOS DIÁRIOS	
Vantagens/benefícios de curto prazo	Vantagens/benefícios de longo prazo
Para mim:	**Para mim:**
1. Eu gosto de praticar caminhada acelerada quando entro no ritmo.	1. Praticar caminhada acelerada é bom para as minhas costas.
2. Eu ouço as notícias no rádio enquanto caminho e me mantenho informado.	2. Caminhada acelerada é um bom exercício geral.
3. Eu me sinto energizado quando caminho.	3. Praticar caminhada acelerada regularmente me dá uma sensação de bem-estar.
4.	4. ....
5.	5. ....
Para os outros:	**Para os outros:**
1.	1. ....
2.	2. ....
3.	3. ....
4.	4. ....
5.	5. ....

DESVANTAGENS/BENEFÍCIOS DA CAMINHADA ACELERADA POR 50 MINUTOS DIÁRIOS	
Desvantagens/custos de curto prazo	Desvantagens/custos de longo prazo
Para mim:	Para mim:
1. Eu sinto desconforto quando levanto cedo.	1. Eu perco os benefícios de 50 minutos de descanso extra por dia.
2. Eu poderia descansar 50 minutos a mais.	2. ....
3. Eu perco o noticiário na TV.	3. ....
4.	4. ....
5.	5. ....
Para os outros:	Para os outros:
1. Minha esposa acorda quando levanto cedo.	1. Minha esposa pode ficar mais cansada se eu acordá-la cedo regularmente.
2.	2. ....
3.	3. ....
4.	4. ....
5.	5. ....

VANTAGENS/BENEFÍCIOS DE FICAR NA CAMA EM VEZ DE CAMINHAR	
Vantagens/benefícios de curto prazo	Vantagens/benefícios de longo prazo
Para mim:	**Para mim:**
1. Eu ganho um descanso extra de 50 minutos.	1. Posso me beneficiar de 50 minutos extras de descanso por dia.
2. Eu permaneço confortável.	2. ....
3. Eu fico no quentinho.	3. ....
4. Posso assistir ao noticiário na TV se eu quiser.	4. ....
5.	5. ....
Para os outros:	**Para os outros:**
1. Não perturbo minha esposa levantando cedo.	1. Minha esposa se beneficia por não ser perturbada quando eu levanto cedo.
2.	2. ....
3.	3. ....
4.	4. ....
5.	5. ....

DESVANTAGENS/CUSTOS DE FICAR NA CAMA EM VEZ DE CAMINHAR	
Desvantagens/custos de curto prazo	Desvantagens/custos de longo prazo
Para mim:	**Para mim:**
1. Deixo de fazer exercícios regularmente.	1. ....
2. Diminuição da energia.	2. ....
3. Mais dor na lombar.	3. ....
4. Perco aquela sensação generalizada de bem-estar que a caminhada acelerada regular me proporciona.	4. ....
5.	5. ....
Para os outros:	**Para os outros:**
1.	1. ....
2.	2. ....
3.	3. ....
4.	4. ....
5.	5. ....

Quando é do meu melhor interesse fazer a tarefa?

Tendo verificado que é do seu interesse executar a tarefa, o próximo passo é determinar quando agir. No entanto, se você sofre de procrastinação crônica específica, ainda irá, facilmente, adiar a execução de algo que sabe, lá no fundo, que é do seu interesse fazer. E, se perguntarem, você apresentará uma série de razões pelas quais é melhor começar amanhã do que começar hoje. Por isso, a segunda pergunta a se fazer é *quando* é do seu melhor interesse agir. Mais uma vez, responda com total franqueza.

Em geral, a resposta mais adequada é *imediatamente*, embora, na correria do dia a dia, com a sobrecarga de tantos afazeres, nem sempre seja realista fazer algo imediatamente. Assim, é sensato desenvolver um cronograma para ajudá-lo a decidir o que fazer e quando fazer. Tal medida é particularmente útil quando é do seu interesse repetir a mesma ação várias vezes por semana, talvez em momentos diferentes, como um regime de exercícios. Por exemplo, no meu caso, meu regime de exercícios envolve fazer uma caminhada acelerada seis dias por semana e andar 50 minutos por dia. Além disso, determino com antecedência quais dias da semana vou caminhar, o caminho que vou percorrer e o horário em que preciso sair de casa para melhor acomodar as caminhadas na minha programação diária. Dessa maneira, tenho muito bem definido quando é do meu interesse sair para caminhar, e com um lembrete tão claro e específico de quando vou agir, percebo rapidamente quando estou começando a procrastinar. E, se eu começar a procrastinar, posso tomar medidas imediatas para remediar a situação e voltar aos eixos.

Se você tem um problema crônico de procrastinação, provavelmente tem apenas uma ideia muito vaga de quando é do seu interesse executar uma determinada tarefa. Com um cronograma tão vago, é muito fácil para você se convencer de que começará a agir em breve. É claro que "em breve" é tão vago e se mantém de tal modo no horizonte que se torna tanto um conforto ("vou começar em breve") quanto uma armadilha ("em breve" pode nunca se tornar "agora").

Portanto, se você quer superar a procrastinação, é muito importante estabelecer diretrizes claras e específicas sobre quando deve começar qualquer tarefa, para que perceba logo de cara quando estiver começando a procrastinar. Iniciar imediatamente talvez seja a melhor política na maioria dos casos, mas, se isso não for viável, pelo menos defina um momento de início muito específico.

Quando é legítimo adiar a ação?

Como já mencionei, se você sofre de procrastinação crônica, específica ou geral, é provável que tenha desenvolvido um verdadeiro talento para enganar a si mesmo. Sendo mais específico, você se convence de que há inúmeras razões pelas quais agora não é o momento certo de começar a tarefa que é do seu melhor interesse. Como expliquei na seção anterior, definir datas e horários de início específicos vai ajudá-lo a saber quando estiver começando a procrastinar, mas mesmo assim você ainda desenvolverá o que lhe parecem ser razões perfeitamente aceitáveis para adiar a ação. Por isso, é importante que você encontre um meio de distinguir entre razões legítimas e ilegítimas para atrasar o início da execução que definiu consigo mesmo. Certa vez, ouvi alguém brincar dizendo que a única razão legítima para adiar uma data de início pactuada é a morte! No entanto, muitas vezes há razões legítimas menos drásticas para adiar um horário de início. Tais razões legitimadas significam que você está adiando com bom senso o que precisa fazer e, de fato, não está procrastinando.

E quais são as razões legítimas para um adiamento sensato do início de uma tarefa? Considero que as seguintes razões constituem causas legítimas para se adiar uma ação:

Doença física

Se você está doente, pode muito bem não ter energia física ou capacidade mental para se concentrar na tarefa em mãos. De fato, se começar a tarefa quando estiver doente, pode até agravar sua condição. Assim, se considerar que, por causa de uma doença, não está em condições de iniciar uma tarefa, é legítimo que você adie a ação até se recuperar.

Distúrbio emocional

Se você estiver em um estado de perturbação emocional devido a um problema não relacionado à tarefa em mãos, é improvável que consiga se concentrar o suficiente para realizá-la – a menos que ela seja bastante simples e exija pouca concentração para ser concluída. Assim, se estiver deprimido com o fim de um relacionamento importante e a tarefa que tem a fazer é razoavelmente complexa, então, na minha opinião, é legítimo adiá-la até superar o momento difícil. Por outro lado, se a tarefa não puder esperar até momento posterior, é legítimo:

- Pedir que outra pessoa o ajude.
- Pedir que essa pessoa faça a tarefa por você, se apropriado.
- Negociar um novo prazo com as demais partes envolvidas.

Outros estados emocionais turbulentos que são motivos legítimos para o adiamento de tarefas incluem ansiedade, crises de raiva, culpa, vergonha, momentos de ciúme, mágoa e inveja doentia. Além disso, se você estiver sob a influência de álcool ou outras drogas, não faz sentido realizar a tarefa em questão. Se estiver passando por algum estado emocional que gere desequilíbrio, é importante que você o resolva por conta própria ou procure acompanhamento terapêutico antes de enfrentar a tarefa relevante. Se o seu estado emocional tem a ver com a tarefa em mãos, então, repito, você precisa lidar com esses sentimentos antes de se lançar ao trabalho. Tomar tal atitude é, na verdade, uma maneira legítima de superar a procrastinação, e abordarei essa questão ao longo do livro.

Deficiência de habilidades

Às vezes acontece de a tarefa do seu interesse exigir uma habilidade que você não possui. Nesses casos, faz todo o sentido adiar a ação até que se adquira a habilidade necessária. Se, é claro, você atrasar o aprendizado dessa habilidade, estará procrastinando.

Ignorância

Às vezes, você não pode começar uma tarefa que é do seu interesse porque não tem uma informação crucial para iniciá-la. Por exemplo, um dos meus amigos precisava economizar dinheiro e decidiu consertar o cortador de grama sozinho em vez de enviá-lo para uma assistência técnica. Ele tinha as habilidades necessárias para consertar o cortador de grama, mas perdera o manual de que precisava para executar o trabalho corretamente. Sua decisão de adiar o início do reparo até obter outra cópia do manual era legítima e, portanto, não se tratou de um exemplo de procrastinação. Mais uma vez, no entanto, se meu amigo tivesse adiado a obtenção das instruções de que precisava, ele estaria procrastinando.

Enfrentar uma crise

A última razão legítima para adiar o início de uma tarefa do seu interesse é ter de enfrentar uma crise repentina e inesperada. Explicando sem rodeios: se você combinou consigo mesmo que começaria a redigir um trabalho às 9h da manhã de uma sexta-feira e, às 8h55, recebe uma ligação informando que sua mãe está gravemente doente e foi levada às pressas para o hospital, então claramente não é procrastinação adiar o início da redação e seguir para o hospital o mais rápido possível. De fato, seria um tanto bizarro se você dissesse a si mesmo que uma visita à sua mãe podia esperar, pois era preciso cumprir o acordo que fez consigo mesmo de começar a redigir o trabalho às 9h.

Então, aí está: ainda que tenha decidido que uma determinada tarefa é de seu melhor interesse e definido uma data e um horário de início, eu argumento que é legítimo adiá-la se você estiver doente, sentindo-se emocionalmente perturbado por um assunto não relacionado a ela, descobrir que lhe faltam as habilidades ou conhecimentos importantes para iniciá-la ou se estiver enfrentando uma crise repentina e inesperada que requer toda a sua atenção. Esses motivos demandam uma decisão ponderada que pode resultar no adiamento da tarefa, o que não é procrastinação. Ter uma causa legítima para adiar uma tarefa é uma característica do que chamamos de "atraso planejado". A falta de tal motivo, por outro lado, é uma característica da procrastinação.

Portanto, se não estiver diante de uma ou mais das razões acima para adiar uma tarefa e mesmo assim a estiver adiando, é seguro concluir que você está procrastinando. No entanto, se sofre de procrastinação crônica, você notará que é muito fácil apropriar-se dessas razões legítimas para atrasar a realização de uma tarefa e usá-las para se convencer de que tem um motivo aceitável para adiar o início, quando, na verdade, não tem. Tal é o seu talento para se enganar se você sofre de procrastinação crônica.

Assim, você facilmente se convence de que está se sentindo doente ou sofrendo de sentimentos difusos de ansiedade. Além disso, consegue se convencer facilmente de que lhe falta uma habilidade essencial para realizar determinada tarefa quando, na verdade, não falta, ou de que não tem informações cruciais que acabam não sendo cruciais. Por fim, você pode facilmente convencer-se de que um evento é crise, quando não passa de uma mera inconveniência. É por isso que enfatizo: a menos que você esteja preparado para ser completamente sincero consigo mesmo e identificar – mas não se guiar por – suas tentativas habituais de se enganar, pensando que tem razões legítimas para adiar a ação, posso garantir que continuará a sofrer de procrastinação crônica.

Até agora, você fez o seguinte:

- Constatou que é do seu interesse fazer uma tarefa.
- Identificou quando é do seu interesse fazê-la.
- Distinguiu entre razões legítimas e ilegítimas para adiar a ação.

Agora, está em condições de descobrir com mais precisão por que você procrastina. No próximo capítulo, vou ajudá-lo com uma visão geral do panorama de temas psicológicos que estão por trás da sua procrastinação.

3

ENTENDA O PANORAMA PSICOLÓGICO POR TRÁS DA SUA PROCRASTINAÇÃO

Neste capítulo, discutirei os principais temas psicológicos subjacentes à procrastinação. Nos capítulos seguintes, tratarei de cada tema com mais detalhes. Compreender os problemas psicológicos que sustentam a procrastinação é um passo crucial, porque se você não entender o problema (ou problemas) que se aplica(m) ao seu caso, ficará em desvantagem na tentativa de superar a procrastinação crônica. Não que a compreensão por si só baste para superá-la. Longe disso. Eu costumo colocar dessa forma para os meus clientes: compreender as questões psicológicas por trás da procrastinação é um passo necessário para superar esse problema, mas insuficiente para resolvê-lo. Isso significa que, se você não entender as questões psicológicas envolvidas, não vai superar o seu problema; porém, para superá-lo, vai precisar de mais do que apenas esse entendimento. Tenha esse ponto em mente enquanto eu lhe apresento o panorama psicológico de questões encontradas na grande maioria dos casos de procrastinação crônica.

Como vimos, a procrastinação significa deixar para amanhã o que é do seu interesse fazer hoje (ou pelo menos no momento que você identificou como mais adequado para fazê-lo). Neste capítulo, discutirei, inicialmente em termos amplos, as principais questões psicológicas que estão por trás desse "adiamento".

Procrastinação para evitar

Grande parte da procrastinação é um exemplo do que os psicólogos chamam de "comportamento de evitação". Sou orientador psicológico e psicoterapeuta há 45 anos e, nesse período, ajudei muitas pessoas, com as mais diversas histórias de vida, a lidar com seu problema de procrastinação crônica. Nessa trajetória, percebi que aquilo que as pessoas estão tentando evitar quando procrastinam pode ser dividido em duas áreas principais. Primeiro, procrastinamos porque estamos tentando evitar algo que entendemos como ameaçador. Eu chamo isso de "evitação de ameaça". Em segundo lugar, procrastinamos porque prevemos que ficaremos desconfortáveis se enfrentarmos a situação. Eu chamo isso de "evitação de desconforto".

Discutirei esses dois tipos de evitação mais detalhadamente em capítulos posteriores.

Procrastinação como restauração do equilíbrio

Embora a procrastinação baseada na evitação seja talvez a forma mais comum, existem outras formas que não têm ameaça e desconforto em sua raiz. Algumas pessoas parecem procrastinar porque sentem que isso restaura algum tipo de equilíbrio em sua mente. Como veremos mais adiante, a questão psicológica que chamei de "restauração do equilíbrio" é evidente em pessoas cujo senso de autonomia é abalado com facilidade. Para elas, procrastinar é uma maneira de restaurar o equilíbrio e recuperar sua autonomia. A procrastinação lhes dá a sensação de que são indivíduos autônomos que farão as tarefas quando bem entenderem e não quando os outros quiserem que façam.

Procrastinação como prelúdio

Quando a procrastinação ocorre puramente como um prelúdio, a pessoa que está procrastinando não o faz porque está evitando algum tipo de ameaça em sua mente, porque está tentando corrigir um desequilíbrio percebido ou por qualquer outro motivo além de sua profunda convicção de que precisa adiar até o último minuto, quando terá aquele arroubo de ânimo para a ação e se sairá com brilhantismo, rindo da cara da morte. Embora as pessoas que enfrentam a procrastinação como prelúdio para uma execução apressada reconheçam, em parte, que têm um problema, estão tão viciadas nas ações intensas de última hora que são bastante ambivalentes sobre o desejo de mudar.

Portanto, se você reconhece a procrastinação-prelúdio como uma característica importante da sua procrastinação, sugiro fortemente que faça uma análise de custo-benefício sobre quando é melhor iniciar uma tarefa: no último minuto ou no início do processo (ver Tabela 2.1).

A procrastinação como uma manobra interpessoal

Alfred Adler, um famoso psicólogo, disse uma vez que todo comportamento tem um propósito. Logo, você precisa se perguntar qual é o propósito da sua procrastinação se realmente quiser entender o seu caso. Já vimos que a procrastinação nos ajuda a evitar algo que achamos ameaçador ou desconfortável, ou que nos ajuda a restaurar, em nossa mente, algum equilíbrio em nossas relações com os outros. Vimos até que a procrastinação serve de prelúdio para o frenesi de atividades realizadas de última hora. No entanto, quando envolve um objetivo interpessoal mais explícito, a procrastinação é projetada para provocar um tipo específico de resposta dos outros. Quero deixar claro que não se trata necessariamente de uma estratégia consciente por parte da pessoa que está procrastinando; embora, é claro, possa ser usada com uma intenção deliberada que, no entanto, será ocultada de outra pessoa (ou pessoas) envolvida(s). Por exemplo, uma das respostas mais comuns que a procrastinação busca obter dos outros é que eles assumam a responsabilidade e façam o trabalho por você. Embora na maioria das vezes você não esteja totalmente ciente de que é isso o que está tentando conseguir, às vezes pode ter plena consciência, em especial se a ação deixou de ser bem-sucedida!

A estratégia de se usar a procrastinação (de forma consciente ou subconsciente) para induzir os outros a assumir a responsabilidade e executar a tarefa por você é frequentemente – mas nem sempre – acompanhada pelo que parece ser uma tentativa séria, mas, obviamente (para o outro), malfadada de execução. Quero deixar claro que esse empenho faz parte da estratégia de procrastinação, e não ocorre uma tentativa séria da sua parte de realizar a tarefa. Diante da sua tentativa aparentemente séria, mas fracassada, de realizar a tarefa, a solidariedade ou preocupação da outra pessoa é despertada e ela acaba se oferecendo para fazê-la por você. Diante dessa oferta, você faz um protesto (que sinceramente espera que não seja levado a sério). Quando a outra pessoa desconsidera seu protesto, você permite que ela aja em seu lugar com toda a gratidão. Em outras ocasiões, você deixa claro que está paralisado pela procrastinação e não é nem mesmo capaz de levar adiante uma tentativa irremediavelmente malfadada de realizar a tarefa.

Para que essa estratégia funcione, é preciso que a outra pessoa desconheça seu uso estratégico da procrastinação e tenha um investimento pessoal na tarefa que está sendo realizada ou sinta uma recompensa psicológica ao fazer a tarefa por você. Frequentemente, as pessoas preparadas para assumir o seu lugar são aquelas que:

- Sentem pena e não suportam vê-lo sofrendo.
- Têm a necessidade de se sentirem necessárias.
- Obtêm benefícios psicológicos ao desempenhar o papel da pessoa que presta auxílio.

Se é particularmente adepto de usar a procrastinação como um estratagema para que outros assumam o seu lugar, você é muito eficaz na escolha do alvo de sua estratégia.

Outros exemplos de respostas que a procrastinação almeja provocar em terceiros incluem:

- Obter ajuda de outras pessoas (é diferente de tentar induzi-las a fazer o trabalho no seu lugar, no sentido de que você ganha conforto fazendo a tarefa com alguém em vez de passar a tarefa para outro).
- Obter compaixão da outra pessoa (geralmente isso é suficiente para você fazer a tarefa).
- Atrair o interesse de outra pessoa (mais uma vez, isso o auxilia a começar a tarefa).
- Provocar raiva na outra pessoa (isso pode estimulá-lo a agir, com o objetivo de mostrar ao outro que você pode

fazer a tarefa se ele, com raiva, o acusou de se esquivar, por exemplo, ou pode lhe oferecer uma justificativa para não fazer a tarefa de vez).

Quando a procrastinação é basicamente uma manobra interpessoal, é importante se perguntar qual resposta você espera que os outros tenham quando percebem que você está procrastinando. É ainda mais importante que você seja completamente sincero consigo mesmo ao dar essa resposta.

Procrastinação como consequência lógica

Quando digo que a procrastinação é uma consequência lógica, o que quero dizer é que muitas vezes ela é uma consequência inevitável de um estilo de vida pautado pelo excesso de comprometimento. Inclusive, se a sua procrastinação resulta diretamente do excesso de comprometimento, seu verdadeiro problema não é de fato a procrastinação, já que você costuma cumprir muitas tarefas no prazo: você adia algumas porque sofre de um excesso de preocupações. Seu verdadeiro problema é se permitir comprometer-se com tarefas demais, e faz isso porque não consegue dizer "não", por razões que discutirei a seguir.

Abordei brevemente até aqui os cinco grandes temas psicológicos por trás da procrastinação:

- Procrastinação como evitação.
- Procrastinação como restauração do equilíbrio.
- Procrastinação como prelúdio.
- Procrastinação como uma manobra interpessoal.
- Procrastinação como consequência lógica.

Antes de concluir este tópico, que retomarei mais adiante para detalhar, gostaria de ressaltar que, embora eu tenha lidado com esses cinco grandes temas separadamente, eles podem ocorrer de forma combinada no problema de procrastinação crônica de qualquer indivíduo. Assim, a base do seu problema pode envolver as seguintes questões: evitar ameaças, evitar desconfortos e um estratagema para que outros façam a tarefa por você. Se for esse o seu caso, e se realmente deseja superar sua procrastinação crônica, é importante que seja bem-sucedido em lidar com todas as três áreas.

4

A VERDADEIRA RAZÃO PELA QUAL VOCÊ PROCRASTINA: SUAS ATITUDES

No capítulo anterior, discuti em termos gerais os cinco principais temas psicológicos que sustentam a procrastinação crônica. Detalharei cada um deles posteriormente; mas, antes, quero lidar com o cerne deste livro e com aquilo que, na minha avaliação, é o principal motivo pelo qual as pessoas procrastinam. Neste capítulo, portanto, delinearei minha visão de que a principal razão pela qual você procrastina de maneira crônica é o fato de se apegar tenazmente a um conjunto de atitudes que o levam a adiar para amanhã o que é de seu melhor interesse fazer hoje.

Deixe-me explicar melhor o que quero dizer. Vamos supor que o principal tema psicológico envolvido na sua procrastinação seja evitar o desconforto. Isso significa que, toda vez que sentir ou antecipar desconforto ao abordar a tarefa que deve realizar, você a adiará. O ponto central que quero que você entenda aqui é que *não* é a experiência do desconforto (ou sua antecipação) por si só que o leva a procrastinar. Em vez disso, sua atitude em relação ao desconforto é o gatilho que faz com que você adie a tarefa.

Realisticamente falando, posto que você dá importância a avaliar se está confortável ou desconfortável, existem duas atitudes possíveis, constatado o seu desconforto de realizar uma tarefa. Apenas uma delas explica por que você procrastina. Eis essas atitudes:

Atitude 1: é preferível que eu sinta conforto antes de fazer a tarefa, mas o conforto não é essencial

Se você mantivesse essa atitude, *não* procrastinaria ao sentir desconforto em relação à tarefa que deve executar, porque só a consideraria indesejável caso se sentisse desconfortável. Esse estado indesejável não o impediria de realizar a tarefa se você tivesse clareza de que era do seu melhor interesse executá-la. Por exemplo, sempre que acordo de manhã, prefiro ficar na cama a me levantar para caminhar. Minha preferência, no entanto, não me impede de me levantar, porque tenho muito nítido em minha mente que é do meu melhor interesse fazer uma caminhada acelerada, e como o parque onde me exercito não vai entrar na minha cama, terei de me levantar e ir até lá, agindo, assim, com vistas ao meu maior benefício. Chamo isso de *atitude flexível*, porque você assume qual é a sua preferência e reconhece que ela não precisa ser atendida.

Atitude 2: é preferível que eu sinta conforto antes de realizar a tarefa e o conforto é essencial

Se você tivesse essa atitude, procrastinaria quando experimentasse (ou antecipasse) desconforto, pois não está apenas apresentando uma preferência sobre sentir conforto (como na Atitude 1), está fazendo uma exigência rígida sobre não iniciar a tarefa até que esteja confortável. Assim, você procrastinará o início da tarefa enquanto sentir (ou antecipar) desconforto. Chamo isso de *atitude rígida* porque você tem nitidez sobre qual é sua preferência e requer que ela precisa ser atendida.

Em outras palavras, quando experimenta (ou antecipa o sentimento de) desconforto e mantém a atitude flexível descrita na Atitude 1, você ainda tem espaço para manobra. Ao afirmar que prefere estar confortável antes de começar a tarefa em questão, mas não tem o conforto como condição *sine qua non* para realizá-la, você dá margem a si próprio para iniciar a tarefa, mesmo desconfortável. Assim, ao manter essa atitude, não procrastinará se enxergar com clareza que vale a pena executar a tarefa.

No entanto, quando experimenta (ou antecipa o sentimento de) desconforto e mantém a atitude rígida detalhada na Atitude 2, você não tem mais a margem de manobra, porque insiste que precisa estar confortável antes de realizar a tarefa. Como consequência, não dá margem a si próprio para iniciar a ação quando se sente desconfortável e, assim, mantendo essa atitude, procrastina, mesmo que veja claramente o benefício da tarefa.

Em resumo, não é o que você considera uma ameaça que o leva a procrastinar, tampouco sentir-se desconfortável ou se considerar em um estado de desequilíbrio é o que o motiva diretamente a adiar para amanhã o que seria mais sábio fazer hoje, para dar apenas três exemplos. Em vez disso, a sua atitude em relação às adversidades é o grande motivador da sua procrastinação. Além disso, é um tipo particular de atitude – uma atitude rígida e inflexível de que certas condições (por exemplo, estar livre de ameaças, desconforto ou desequilíbrio) devem existir antes de você executar uma tarefa.

As quatro atitudes rígidas e extremas que explicam por que você procrastina

Na seção anterior, desenvolvi o ponto crucial de que o principal gatilho da procrastinação é o apego a uma atitude rígida de que certas condições devem existir, enquanto outras não, antes de alguém começar a fazer uma tarefa que é do seu melhor interesse. O dr. Albert Ellis (1913-2007), um famoso psicólogo clínico dos EUA, considerou que essa atitude rígida, que muitas vezes assume formas absolutas como "deve ser", "tem que ser" e "precisa ser", está no cerne da procrastinação. O dr. Ellis, que fundou uma abordagem de aconselhamento e psicoterapia conhecida como terapia racional-emotiva comportamental (TREC) na qual este livro se baseia, também argumenta que as pessoas cujo problema é a procrastinação crônica específica ou geral têm mais três atitudes extremas que explicam por que elas procrastinam.

Antes de discutir cada uma dessas atitudes, quero destacar três pontos. Primeiro, o dr. Ellis argumentou que a atitude rígida está no cerne da procrastinação e que as três outras atitudes extremas são derivadas dessa atitude rígida. Embora nem todos os terapeutas de TREC concordem com a posição de Ellis nesse ponto, você deve pelo menos considerar as opiniões dele sobre a primazia das atitudes rígidas, à medida que aprende mais sobre os fatores que sustentam seu próprio problema de procrastinação.

Segundo, embora eu discuta as quatro atitudes rígidas e extremas nesta seção, não quero dizer que todas elas estão sempre presentes em todas as formas de procrastinação crônica. Por favor, lembre-se disso, porque embora eu queira que você identifique as atitudes que sustentam o seu problema particular de procrastinação, não quero que pense que tem atitudes que, efetivamente, não tem.

Terceiro, há três características que tornam problemáticas as atitudes rígidas e extremas: a) são inconsistentes com a realidade, ou seja, são falsas; b) não fazem sentido lógico; e, finalmente, c) não são úteis (nesse contexto, levam à procrastinação e não à execução de tarefas).

Deixe-me agora discutir a atitude rígida e as três atitudes extremas que derivam dela.

A ATITUDE RÍGIDA: a atitude que está no cerne da procrastinação

Já discuti atitudes rígidas, mas, como esse assunto é tão importante, vale a pena enfatizar os argumentos já apresentados. É provável que você prefira a existência de certas condições antes de começar a trabalhar em uma tarefa. Como veremos, não há nada de errado em ter tais preferências, mesmo que as condições não existam, pois preferências não atendidas não levam à procrastinação. No entanto, como seres humanos, podemos facilmente transformar nossas preferências em demandas rígidas, insistindo que as condições que desejamos *devem existir em absoluto* antes de começarmos a trabalhar em uma tarefa. Assim, é muito provável que procrastinemos por não estarmos nos dando margem de manobra. Se decretarmos que uma condição como a ausência de desconforto deve existir antes de iniciarmos uma tarefa que é do nosso melhor interesse, então como começaremos a trabalhar nela se nos sentirmos desconfortáveis? A resposta é que não começaremos. Portanto, enquanto nos apegarmos a uma atitude rígida sobre as condições que devem existir, não entraremos em ação até que elas existam, e, mesmo que existam, ainda podemos estar vulneráveis à procrastinação, porque a situação pode mudar em um futuro próximo e podemos perder as condições que julgamos tão necessárias para a execução da tarefa. É por isso que Albert Ellis considerava uma atitude de exigências rígidas o cerne da procrastinação.

Atitude extrema 1: a atitude horrorizante

Quando suas exigências rígidas não são atendidas, é provável que você mantenha o que, na TREC, definimos como uma atitude horrorizante. Tal atitude se caracteriza por uma avaliação extremamente negativa das condições existentes, as quais você acredita que absolutamente não deveriam existir. Logo, se você acredita que precisa estar confortável antes de começar uma tarefa, mas não estiver, sua tendência será sustentar que é terrível sentir tal desconforto, atitude que o levará a procrastinar para se livrar de tal sensação. Atitudes horrorizantes muitas vezes assumem a forma de declarações como: "É horrível que...", "É terrível que..." e "É o fim do mundo...". A característica definidora de uma atitude horrorizante é: quando você se apega a ela, realmente pensa que nada pode ser pior e que nada de bom pode vir da situação em que está.

Atitude extrema 2: a atitude de intolerabilidade

Quando as exigências rígidas não são atendidas, a tendência é que surja uma sensação de que é impossível suportar a situação que se tem pela frente. Assim, se a atitude de que não dá para sentir desconforto for mantida – por exemplo, antes de se iniciar uma determinada tarefa – e o desconforto surgir, provavelmente a tarefa será adiada para que se evitem esses sentimentos desconfortáveis. Embora eu tenha escrito sobre a atitude de intolerabilidade em relação ao desconforto, essa atitude extrema, na realidade, pode ser aplicada a qualquer adversidade que você encontre e que o leve a procrastinar.

Atitude extrema 3: a atitude de desvalorização

Atitudes de desvalorização podem ser direcionadas a si mesmo, aos outros ou às condições de vida em geral. Caso mantenha uma atitude de desvalorização em relação a si mesmo, você tende a se rebaixar quando considera que agiu de maneira que absolutamente não deveria ou que não fez o que acredita que deveria ter feito. Por exemplo, um cenário de procrastinação muito comum ocorre quando pensamos em fazer uma tarefa que não seremos capazes de executar muito bem e, por isso, decidimos não iniciá-la ou então nem sequer pensamos em iniciá-la. O motivo da procrastinação nessas circunstâncias é o apego à atitude de que é preciso fazer bem a tarefa, caso contrário será uma prova de que somos um fracasso. A atitude de autodesvalorização ("Eu sou um fracasso") decorre da atitude rígida de que é imprescindível fazer bem a tarefa aliada à crença de que não somos capazes de fazê-la. Nesse caso, em vez de pensar em si mesmo como um fracasso, você procrastina. Já quando mantém uma atitude de desvalorização em relação a outra pessoa, você a considera ruim ou inútil, seja por fazer algo que você acredita que ela absolutamente não deveria ter feito ou por não fazer algo que você acredita que ela absolutamente deveria ter feito. Como mencionei antes, algumas pessoas procrastinam para restaurar o equilíbrio entre elas e o outro. Por exemplo, John foi instruído por seu chefe a fazer algo que era realmente de seu interesse, mas adiou a tarefa por considerar que seu chefe estava errado em lhe dar tal ordem e, como chefe, ele não deveria cometer erros. A partir daí, John passou a considerar seu chefe uma pessoa ruim. Consequentemente, para se vingar dele (e, assim, restaurar algum senso de equilíbrio em sua mente), adiou o início da tarefa que o chefe lhe ordenara, embora isso fosse contrário aos melhores interesses do próprio John a longo prazo.

Por fim, na atitude de desvalorização em relação às condições de vida, as condições são consideradas ruins por serem do jeito que não deveriam ser. O tipo de procrastinação decorrente dessa atitude de desvalorização normalmente se manifesta na forma de autopiedade, quando a pessoa se considera injustiçada porque a vida está lhe dando o que ela não merece (o que não deveria ser) ou porque não está dando o que ela merece (como deveria ser). Ao sentir pena de si mesma porque o mundo é um lugar péssimo e insensível, a pessoa procura se animar e, portanto, é muito improvável que comece uma tarefa que seja de alguma forma onerosa. Em vez disso, se voltará para atividades agradáveis no curto prazo.

Agora que discutimos as atitudes rígidas e extremas que sustentam os diferentes tipos de procrastinação, veremos as alternativas flexíveis e não extremas a essas atitudes, que o ajudarão a superar a procrastinação.

As quatro atitudes flexíveis e não extremas que o ajudarão a superar a procrastinação crônica

Até agora, discuti as quatro atitudes rígidas e extremas que levam a ambos os tipos de procrastinação crônica (específica e geral). Nesta seção, discutirei as alternativas que o ajudarão a superar seu problema crônico de procrastinação. Elas são conhecidas como atitudes flexíveis e não extremas. Essas crenças são saudáveis por três razões. Primeira, são consistentes com a realidade (ou seja, são verdadeiras); segunda, fazem sentido; e terceira, são úteis (nesse contexto, levam à execução de tarefas e não à procrastinação). Passemos então à discussão da atitude flexível e das três atitudes não extremas que derivam dela.

A atitude flexível: a atitude que está no cerne da solução para a procrastinação

Uma atitude flexível é formada por dois componentes. No primeiro, a pessoa afirma sua preferência; no segundo, reconhece que sua preferência não precisa ser atendida. Como mencionei anteriormente, é saudável que os humanos tenham preferências, que podem ter a ver com o que querem que aconteça (por exemplo, "quero me sair bem") ou que não aconteça (por exemplo, "não quero sentir desconforto"). Ao manter essa preferência flexível – o que eu chamo de atitude flexível –, a pessoa reconhece que não há razão para sua preferência ser atendida (por exemplo, "quero me sair bem, mas não sou obrigado a isso"). Ainda, as atitudes flexíveis não apenas descrevem o que a pessoa prefere que não aconteça, mas também indicam que não há razão para que essa preferência seja atendida (por exemplo, "não quero sentir desconforto, mas não significa que estarei livre dessa experiência").

Considerando que as atitudes rígidas não lhe dão margem de manobra em uma situação relacionada à tarefa (por exemplo: "Eu devo estar absolutamente livre de desconforto antes de começar a fazer meu imposto de renda") e, portanto, costumam levar à procrastinação, atitudes flexíveis permitem que você prossiga mesmo que suas preferências imediatas não sejam atendidas ("Quero estar livre de desconforto antes de começar a fazer meu imposto de renda, mas não é necessário que eu esteja confortável antes de me debruçar sobre essa tarefa onerosa").

Você deve se lembrar de que eu disse que Albert Ellis considerava a atitude rígida o cerne da procrastinação, e que três atitudes extremas poderiam ser derivadas desse núcleo atitudinal rígido. Da mesma forma, Ellis considerava a atitude flexível o cerne da solução para a procrastinação e que três atitudes não extremas poderiam ser derivadas desse núcleo atitudinal flexível. Vejamos agora cada uma dessas três atitudes não extremas.

Atitude não extrema 1: a atitude não horrorizante

Quando mantém uma atitude correta em relação às suas preferências não serem atendidas, é provável que mantenha o que, em TREC, chamamos de atitude não horrorizante. Ao manter tal atitude, você faz uma avaliação negativa não extrema das condições indesejáveis que estão postas, mas não exige que elas não existam em absoluto. Assim, se acredita que seria preferível, mas não necessário, sentir-se confortável antes de começar a trabalhar em uma determinada tarefa, então, se sentir desconforto, tenderá a acreditar que essa sensação é ruim, mas não terrível, atitude esta que o levará a arregaçar as mangas. Atitudes não horríveis geralmente assumem a forma de declarações como: "É ruim, mas não é horrível que...", "É lamentável, mas não terrível que..." e "É lamentável, mas não é o fim do mundo que...". A característica definidora de uma atitude não horrorizante é resumida pelo que a mãe de Smokey Robinson costumava dizer ao filho: "A partir do seu nascimento e até o dia em que você for acomodado no rabecão, não há nada tão ruim que não possa piorar".

Atitude não extrema 2: a atitude de tolerabilidade

Quando suas preferências não são atendidas e você não exige que elas sejam, a tendência é de que se considere capaz de suportar determinada situação, mesmo que possa ser difícil para você. Assim, se mantiver a atitude flexível de que preferiria não sentir desconforto antes de iniciar a tarefa em questão, mas que não há nenhuma lei decretando que estará livre disso, mesmo se começar a sentir tal desconforto tenderá a pensar que consegue suportar a sensação, ainda que com dificuldade. Racionalmente, você se lembrará de que, de fato, é do seu interesse tolerar o desconforto. Se agir assim, começará a tarefa mesmo que se sinta desconfortável. As atitudes de tolerância, portanto, vão ajudá-lo na tentativa de superar a procrastinação crônica.

Atitude não extrema 3: a atitude de aceitação incondicional

Crenças de aceitação incondicional, como atitudes de desvalorização, podem ser direcionadas a nós mesmos, aos outros ou às condições de vida em geral. Quando mantém uma atitude de aceitação incondicional em relação a si mesmo, você se aceita como um ser humano falível e que não será julgado ao agir de maneira que considera indesejável, mas não absolutamente proibida, ou por não ter feito algo de sua preferência em vez daquilo que insistiram que você fizesse. Por exemplo, quando pensa em fazer uma tarefa e acha que talvez não seja capaz, você tentará mesmo assim, caso aceite que possivelmente não seja de fato, porque é do seu interesse fazê-lo. Sua atitude de autoaceitação incondicional ("Sou um ser humano falível, e pode ser que eu falhe nessa tarefa") decorre da sua atitude flexível de que quer fazer a tarefa bem-feita, mas não precisa ser perfeitamente se não for possível. Isso o levará a começar a tarefa em vez de procrastinar. Quando mantém uma aceitação incondicional em relação a outra pessoa, você a considera um ser humano falível que não deve ser julgado por fazer algo que você acredita que preferencialmente não deveria ter feito, ou por não fazer algo que você acredita que deveria ter feito. Quando John recebeu a ordem de executar uma tarefa que realmente era do seu melhor interesse executar, ele o fez mesmo achando que o chefe estava errado em lhe dar a ordem. John agiu porque considerou o chefe um ser humano falível que tinha cometido um erro, em vez de uma pessoa má. Assim, uma atitude incondicional de aceitação do outro ajuda a superar a procrastinação crônica.

Por fim, quando mantém uma atitude de aceitação incondicional em relação às situações que a vida apresenta, você está dizendo que as condições são uma mistura de aspectos bons, ruins e neutros, embora preferisse (mas não incondicionalmente) que fossem diferentes. Assim, quando uma pessoa considera que a vida está lhe dando o que ela não merece (o que ela gostaria, mas não incondicionalmente, que fosse diferente) ou não está lhe dando o que merece (como também gostaria, mas sem exigir que aconteça), ela fica desapontada, mas não perturbada, com essa realidade desfavorável. Mantendo essa atitude não extrema, a pessoa fará a tarefa em questão quando for de seu interesse fazê-la, mesmo que considere esse ato oneroso. Feito isso, ela se voltará para atividades que lhe são agradáveis, o que é uma característica importante de uma estratégia antiprocrastinação: enfrentar a adversidade e depois se divertir, em vez de se divertir primeiro e, ao fazê-lo, evitar a adversidade.

5

DESENVOLVA UMA ESTRATÉGIA ANTIPROCRASTINAÇÃO

Dediquei bastante espaço para discutir o argumento de que as pessoas procrastinam não por causa das condições que enfrentam (ou antecipam enfrentar), mas principalmente por causa das atitudes que mantêm em relação a tais condições. Delineei a atitude rígida que está no cerne da procrastinação crônica e as três atitudes extremas que derivam desse núcleo rígido de padrão comportamental. Discuti a atitude flexível que está no cerne da solução para a procrastinação e as três atitudes não extremas que derivam desse núcleo de comportamento flexível. Juntas, essas atitudes rígidas e extremas são o pilar do que pode ser chamado de filosofia antiprocrastinação. Mas como se adquire tal filosofia? Seria bom se o cérebro fosse como um computador, e bastasse remover o programa de procrastinação crônica (composto pelas atitudes rígidas e extremas) e substituí-lo pelo programa antiprocrastinação (contendo alternativas às atitudes flexíveis e não extremas), mas o cérebro humano não funciona assim. Como, então, mudar as atitudes rígidas e extremas? Examinando tanto as atitudes rígidas/extremamente insalubres quanto as atitudes flexíveis/não extremas e avaliando quais delas resistem ao teste de tal escrutínio. Deste modo, é possível fortalecer as atitudes flexíveis/não extremas e, por fim, agir com base nelas. Deixe-me, então, começar mostrando como examinar suas atitudes.

Examine suas atitudes

Aqui, execute os três passos a seguir.

Passo 1: identifique suas atitudes rígidas e extremas

Para identificar as atitudes rígidas e extremas que sustentam sua procrastinação, faça a si mesmo as seguintes perguntas sempre que quiser adiar algo que seja de seu interesse, tendo em mente um episódio específico da sua procrastinação crônica:

- Que condições estou insistindo que existam antes de começar determinada tarefa?
- Estou dizendo a mim mesmo que seria horrível se tais condições não existissem?
- Posso suportar se essas condições não existirem?
- A desvalorização de mim mesmo, dos outros ou das condições de vida é uma característica central da minha procrastinação?

Se identificar uma ou mais atitudes rígidas/extremas, anote-as com suas próprias palavras.

Passo 2: anote as alternativas de atitudes flexíveis/não extremas para suas atitudes rígidas/extremas

Depois de anotar suas atitudes rígidas/extremas, acrescente ao lado de cada uma delas a alternativa flexível/não extrema. Eis alguns exemplos:

Atitude rígida *versus* atitude flexível

- *Atitude rígida:* "Gostaria de saber que meu pai aprovará meu desempenho na tarefa antes de começá-la, *portanto* preciso dessa confirmação prévia".

  (Observe que, nessa atitude rígida, incluí seus dois componentes: o de "preferência compartilhada" – que é comum tanto às atitudes rígidas quanto às flexíveis – e o que chamo de componente de "demanda assegurada", que distingue essas duas atitudes.)
- *Atitude flexível:* "Gostaria de saber que meu pai aprovará meu desempenho na tarefa antes de começá-la, *mas* não preciso dessa confirmação".

  (Observe que, nessa atitude flexível, incluí seus dois componentes: o de "preferência compartilhada" e o que chamo de "demanda negada", que, mais uma vez, distingue as atitudes flexíveis das rígidas.)

A Figura 5.1 apresenta um esquema dessas duas atitudes.

Componente de "preferência"
(compartilhado)

["Gostaria de saber que meu pai aprovará meu desempenho na tarefa antes de começá-la, ...]

Componente de "demanda assegurada" (distintivo) [... *portanto, preciso dessa confirmação prévia"*]	**Componente de "demanda negada"** (distintivo) [... *mas não preciso dessa confirmação prévia"*]
Atitude rígida	Atitude flexível

Figura 5.1. Os componentes das atitudes rígidas e flexíveis.

Atitude horrorizante *versus* atitude não horrorizante

- *Atitude horrorizante:* "É ruim receber ordens do meu chefe sem ser consultado, *portanto* é horrível".

  (Observe que, nessa atitude horrorizante, incluí seus dois componentes: o de "avaliação do quanto é ruim" – que é comum às atitudes horrorizantes e não horrorizantes – e o que chamo de componente de "horrorização assegurada", que distingue essas duas atitudes.)

- *Atitude não horrorizante:* "É ruim receber ordens do meu chefe sem ser consultado, *mas* não é horrível".

  (Observe que, nessa atitude não horrorizante, incluí seus dois componentes: o de "avaliação do quanto é ruim" e o que chamo de componente de "horrorização negada", que, novamente, distingue as atitudes não horrorizantes das horrorizantes.)

A Figura 5.2 apresenta um esquema dessas duas atitudes.

Componente de "avaliação do quanto é ruim"
(compartilhado)

["É ruim receber ordens do meu chefe
sem ser consultado, ...]

Componente de "horrorização assegurada" (distintivo) [... *portanto é horrível*"]	**Componente de "horrorização negada"** (distintivo) [... *mas não é horrível*"]
Atitude horrorizante	Atitude não horrorizante

Figura 5.2. Os componentes das atitudes horrorizantes e não horrorizantes.

ATITUDE DE INTOLERABILIDADE *VERSUS* ATITUDE DE TOLERABILIDADE

- *Atitude de intolerabilidade:* "É um sofrimento tolerar o desconforto de fazer algo oneroso que é do meu melhor interesse, *portanto* não consigo tolerar".

  (Observe que, nessa atitude de intolerabilidade, incluí seus dois componentes: o de "sofrimento" (que é comum às atitudes de intolerabilidade e de tolerabilidade) e o que chamo de componente de "intolerabilidade", que distingue essas duas atitudes.)
- *Atitude de tolerabilidade:* "É um sofrimento tolerar o desconforto de fazer algo oneroso que é do meu melhor interesse, mas eu consigo tolerar. Vale a pena tolerar, estou disposto a tolerar e vou tolerar".

  (Observe que, nesta atitude de tolerabilidade, incluí seus cinco componentes: o de "sofrimento" e os quatro demais que, novamente, distinguem as atitudes de tolerabilidade das de intolerabilidade. Chamo esses componentes de "tolerabilidade", "vale a pena tolerar", "disposição para tolerar" e "vou tolerar").

A Figura 5.3 apresenta um esquema dessas duas atitudes.

Componente de "sofrimento"
(compartilhado)

["É um sofrimento tolerar o desconforto de fazer algo oneroso que é do meu melhor interesse, ...]

Componente de "intolerabilidade" (distintivo) [... *portanto, não consigo tolerar"*]	**Componente de "tolerabilidade"** **Componente "vale a pena tolerar"** **Componente de "disposição para tolerar"** **Componente "vou tolerar"** (distintivo) [... *mas eu consigo tolerar. Vale a pena tolerar, estou disposto a tolerar e vou tolerar"*]
Atitude de intolerabilidade	Atitude de tolerabilidade

Figura 5.3. Os componentes das atitudes de intolerabilidade e tolerabilidade.

Desvalorização *versus* atitudes de aceitação incondicional

Conforme discuti no Capítulo 4, você pode ter atitudes de desvalorização e de aceitação incondicional em relação a si mesmo, outras pessoas e/ou condições de vida. Como as atitudes de autodesvalorização são as mais comuns na procrastinação, darei aqui um exemplo desse tipo de atitude e sua alternativa saudável: a atitude de autoaceitação incondicional. Os mesmos componentes estão presentes nas atitudes de desvalorização do outro/aceitação incondicional do outro e nas atitudes de desvalorização da vida/aceitação incondicional da vida.

- *Atitude de autodesvalorização:* "Será ruim se eu não tirar uma boa nota na minha dissertação, *portanto* isso prova que sou um fracasso".

  (Observe que, nessa atitude de autodesvalorização, incluí seus dois componentes: o de "aspecto avaliado negativamente" – que é comum às atitudes de autodesvalorização e de autoaceitação incondicional – e o que chamo de componente de "desvalorização global", que distingue essas duas atitudes.)
- *Atitude de autoaceitação incondicional:* "Será ruim se eu não tirar uma boa nota na minha dissertação, *mas* isso não prova que sou um fracasso. Não tirar uma boa nota não diminui meu valor como pessoa. Sou a mesma pessoa falível e não devo ser julgada, quer tire uma boa nota ou não".

  (Observe que, nessa atitude de autoaceitação incondicional, incluí seus três componentes: o compartilhado de "aspecto avaliado negativamente" e os dois componentes que, mais uma vez, distinguem as atitudes de autoaceitação incondicional das de autodesvalorização. Chamo esses componentes de "desvalorização global negada" e de "falibilidade/ complexidade declarada".)

A Figura 5.4 apresenta um esquema dessas duas atitudes.

Componente de "aspecto avaliado negativamente"
(compartilhado)

["Será ruim se eu não tirar uma boa nota na minha dissertação, ...]

Componente de "desvalorização global" (distintivo) [... *portanto, isso prova que sou um fracasso"*]	**Componente de "desvalorização global negada"** **Componente de "falibilidade/complexidade declarada"** (distintivos) [... *mas isso não prova que sou um fracasso. Não tirar uma boa nota não diminui meu valor como pessoa. Sou a mesma pessoa falível e não devo ser julgada, quer tire uma boa nota ou não"*]
Atitude de desvalorização	Atitude de aceitação incondicional

Figura 5.4. Os componentes das atitudes de (auto)desvalorização e (auto)aceitação incondicional.

Passo 3: examine suas atitudes rígidas/extremas e suas atitudes alternativas flexíveis/não extremas

Este próximo passo é muito importante e é a chave para a superação da procrastinação crônica. Trata-se de submeter tanto suas atitudes rígidas/extremas quanto suas atitudes flexíveis/não extremas ao escrutínio de três questões: a questão empírica (ou seja, se uma atitude é verdadeira ou falsa), a questão lógica (ou seja, se faz sentido ou não) e a questão pragmática (ou seja, se as consequências de manter uma atitude são construtivas ou não construtivas). Vou dar um exemplo de como isso funciona. Escolhi mostrar como questionar as atitudes rígidas e as flexíveis porque elas estão no cerne da procrastinação e de sua solução. Dito isso, as mesmas perguntas podem ser usadas para examinar qualquer uma das três atitudes extremas e suas alternativas de atitudes não extremas.

- *Atitude rígida:* "Gostaria de saber que meu pai aprovará meu desempenho na tarefa antes de começá-la, *portanto* preciso dessa confirmação prévia".
- *Atitude flexível:* "Gostaria de saber que meu pai aprovará meu desempenho na tarefa antes de eu começá-la, *mas* não preciso dessa confirmação prévia".

Pergunta 1 (questão empírica): Qual atitude é verdadeira e qual é falsa, e por quê?

Resposta: Minha atitude rígida é falsa e minha atitude flexível é verdadeira. Se a atitude rígida fosse verdadeira, significaria que eu não poderia, de jeito algum, começar a trabalhar na tarefa até que soubesse que tenho a aprovação do meu pai em relação ao meu desempenho. No entanto, como é possível iniciar a tarefa sem essa resposta, minha atitude rígida não condiz com a realidade.

Minha atitude flexível, por outro lado, é verdadeira. Eu realmente gostaria de saber que tenho a aprovação do meu pai antes de começar a trabalhar na tarefa, então é verdade. Também é verdade que não há nenhuma lei universal decretando que eu tenha de ter essa resposta antes de começar. Se houvesse, eu saberia. Mas, claro, eu não sei.

Pergunta 2 (questão lógica): Qual crença de atitude é lógica/sensata e qual não é, e por quê?

Resposta: Minha atitude rígida não é lógica, enquanto minha atitude flexível faz sentido. Se começarmos com minha atitude flexível, ela contém, como vimos, dois componentes, um que afirma o que eu quero: "Gostaria de saber que meu pai aprovará meu desempenho na tarefa antes de começá-la" ("componente de preferência"); e um que nega minha demanda: "... mas não preciso dessa confirmação prévia". Ambas as partes da minha atitude flexível não são rígidas, portanto, estão conectadas do ponto de vista lógico.

No entanto, na minha atitude rígida, o componente "demanda assegurada" é rígido e, do ponto de vista lógico, não decorre do componente não rígido "preferência". Assim, não faz sentido eu dizer que: "Gostaria de saber que meu pai aprovará meu desempenho na tarefa antes de começá-la (não rígido), *portanto* preciso dessa confirmação prévia (rígido)". Não é possível derivar logicamente uma declaração rígida de uma declaração não rígida.

Pergunta 3 (questão pragmática): Qual atitude é útil para você (neste contexto, que o ajuda a começar a tarefa) e qual não é útil para você (neste contexto, que o leva à procrastinação)?

Resposta: Minha atitude rígida não é útil para mim, enquanto minha atitude flexível me ajudará. Se eu me apego à exigência de que tenho de saber que meu pai aprovará o que eu faço antes mesmo de fazer, só posso começar a tarefa se souber de antemão como vou realizá-la e qual será a resposta do meu pai. Como não é possível saber nada disso de antemão, não poderei começar a trabalhar na tarefa enquanto mantiver essa atitude. Assim, a atitude rígida me levará a procrastinar. No entanto, se eu abrir mão da exigência de saber que meu pai me aprovará antes de começar a tarefa e encarar essa demanda como uma preferência que não necessariamente precisa ser atendida, esse desejo apenas estipulará as condições que eu *preferiria* que existissem antes de começar a tarefa, não as condições que *devem* existir antes de começá-la. Assim, quando me deparo com condições indesejáveis (neste caso, não saber se meu pai me aprovará ou não), minha atitude flexível me dá oportunidade de iniciar a tarefa mesmo em condições indesejáveis, enquanto minha atitude rígida não me dá tal espaço de manobra. Assim, minha atitude de flexibilidade me ajuda a começar a tarefa, especialmente se eu julgar que é do meu melhor interesse começá-la.

Pergunta 4 (a questão "ensine bem seus filhos"): Que atitude você ensinaria a seus filhos e por quê?

Resposta: Eu obviamente ensinaria aos meus filhos a atitude flexível. Primeiro porque, de maneira geral, eu gostaria que meus filhos tivessem uma mentalidade flexível em vez de uma mentalidade rígida. Em segundo lugar, gostaria que eles soubessem que a procrastinação não os ajudará a atingir seu potencial e que manter uma atitude rígida a respeito de minha aprovação antes de começarem a trabalhar em uma tarefa os levará a procrastinar. Assim, eu os ensinaria a desenvolver uma atitude flexível quanto à minha aprovação, para que possam começar a desempenhar uma tarefa quer a tenham ou não.

Pergunta 5 (a questão do "compromisso"): Qual atitude você deseja desenvolver daqui em diante e por quê?

Resposta: Daqui em diante, quero me comprometer com a atitude flexível. Embora ambas as atitudes declarem o que eu gostaria que acontecesse antes de começar uma tarefa, apenas a atitude flexível me ajuda a lidar com meu comportamento de procrastinação ao não saber se tenho a aprovação do meu pai ou não. Se eu continuar me apegando à atitude rígida, continuarei procrastinando, o que não quero fazer.

Fortaleça a convicção nas suas atitudes flexíveis/não extremas

Após examinar ambos os conjuntos de atitudes e se comprometer a desenvolver sua atitude flexível e/ou não extrema, você entendeu que suas atitudes rígidas/extremas são falsas, ilógicas e inúteis, ao passo que as alternativas flexíveis/não extremas são verdadeiras, lógicas e úteis. No entanto, é provável que sua compreensão desses pontos seja apenas de natureza intelectual. A maioria das pessoas que compreende somente o aspecto intelectual dessas questões costuma dizer que, racionalmente, entendem esses pontos, mas não conseguem acreditar neles do fundo do coração. Essa compreensão intelectual, embora seja um primeiro passo importante para superar a procrastinação crônica, geralmente não leva a uma mudança de sentimento ou comportamento. O tipo de compreensão que leva a uma mudança de sentimento e comportamento é chamado de *compreensão emocional* e é manifestado em declarações como: "Eu entendo verdadeiramente que não preciso saber se tenho a aprovação do meu pai ao meu desempenho na tarefa antes de começá-la, portanto, vou executá-la porque é do meu interesse". Nessa declaração, a pessoa demonstra uma profunda convicção na atitude flexível/não extrema e consegue agir com base nela.

Na seção a seguir, descreverei duas técnicas para facilitar a compreensão emocional de atitudes flexíveis/não extremas e, na seção subsequente a ela, discutirei a importância de agir de maneira consistente com essas novas atitudes.

A TÉCNICA DO ZIGUE-ZAGUE

Uma maneira poderosa de fortalecer suas atitudes flexíveis/não extremas é atacá-las e responder efetivamente a esses ataques. Essa técnica é chamada de zigue-zague. Aqui está um conjunto de instruções de como usá-la (veja a Figura 5.5).

1. Em um pedaço de papel, escreva no quadro superior esquerdo a atitude flexível e/ou não extrema que deseja fortalecer.
2. Classifique seu nível atual de convicção nessa atitude flexível/não extrema em uma escala de 100 pontos, na qual 0% equivale a nenhuma convicção e 100% equivale a convicção total, e anote o resultado abaixo da atitude.
3. Ataque essa atitude flexível/não extrema da maneira mais genuína que puder. Esse ataque provavelmente tomará a forma de outra atitude rígida ou extrema, ou de uma dúvida, reserva ou objeção à atitude flexível/não extrema. Anote esse ataque no quadrado superior direito.
4. Responda a esse ataque o melhor que puder e da maneira mais completa. É muito importante que você responda a cada elemento desse ataque. Faça isso da maneira mais persuasiva possível e anote essa resposta no espaço fornecido no segundo quadrado à esquerda.
5. Continue nessa sequência até ter respondido a todos os seus ataques e não conseguir pensar em mais nada.

Se achar esse exercício difícil, tente fazer os ataques de forma mais suave no início. Então, quando perceber que consegue respondê-los com mais facilidade, comece a empreender ataques mais mordazes. Trabalhe dessa forma até que esteja fazendo ataques bem fortes. Quando fizer um ataque, procure acreditar no que diz. Da mesma forma, ao respondê-lo, realmente argumente com a intenção de demolir o ataque e aumentar o nível de convicção em sua atitude rígida/não extrema.

Não se esqueça de que o objetivo do exercício é fortalecer sua convicção na sua atitude flexível/não extrema, então é importante que você só pare quando tiver respondido a todos os seus ataques.

Após ter respondido a todos os ataques, reavalie seu nível de convicção na atitude flexível/não extrema usando a mesma escala de 100 pontos que empregou antes e anote o resultado no campo da parte inferior esquerda do esquema. Provavelmente, a classificação terá subido. Caso isso não ocorra, releia o que escreveu e veja se consegue identificar ocasiões em que não respondeu a um ataque ou a um elemento do ataque, ou localize situações em que suas respostas não foram persuasivas. Em ambos os casos, refaça essa parte da sequência ataque-resposta até que seu novo índice de convicção tenha aumentado.

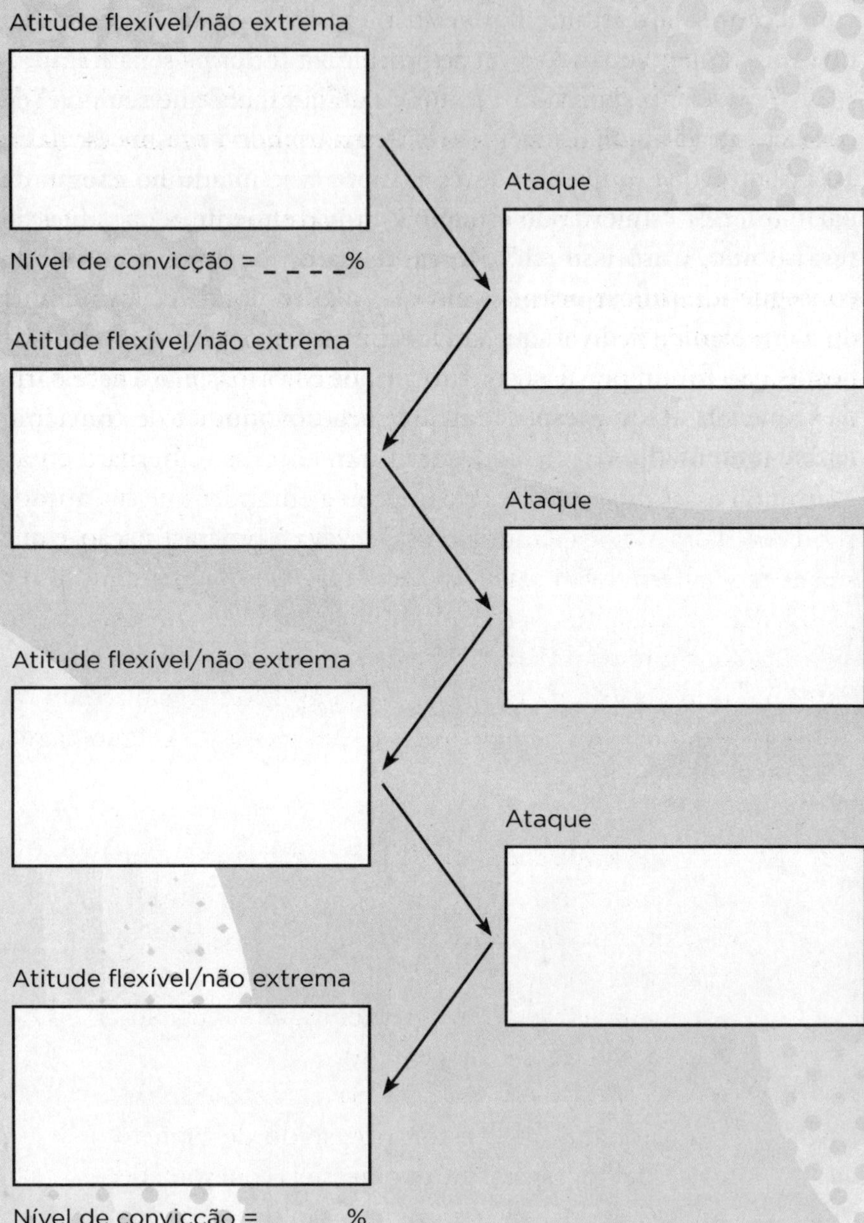

Figura 5.5. Formulário zigue-zague.

Um exemplo da técnica do zigue-zague

Deixe-me demonstrar como uma pessoa usou essa técnica com bons resultados. Bernard sofria de procrastinação crônica para manter seus arquivos atualizados. Ele entendia claramente que era do seu interesse atualizar os arquivos e também reconhecia que, apesar de ter essa certeza, continuava a procrastinar porque mantinha a seguinte atitude rígida: "Tenho que estar no estado de espírito certo antes de fazer o meu arquivamento". Bernard seguiu os passos que descrevi na seção anterior. Após identificar essa atitude rígida, formulou a seguinte atitude flexível alternativa: "Eu preferiria estar no estado de espírito certo antes de fazer meu arquivamento, mas não é necessário que eu esteja. Posso começar a arquivar mesmo que não 'esteja a fim', e é do meu melhor interesse fazer exatamente isso". Bernard então examinou essas duas atitudes e começou a entender que sua atitude rígida era falsa, ilógica e inútil, pois o levava à procrastinação, e que sua atitude alternativa flexível era, em contraste, consistente com a realidade, sensata e útil, já que promovia uma ação construtiva. No entanto, continuou a procrastinar porque disse que, embora entendesse por que sua atitude flexível era saudável, ainda não acreditava nela. Nesse momento, eu o ensinei a usar a técnica do zigue-zague, e foi isso que ele fez.

> **Atitude flexível:** "Eu preferiria estar no estado de espírito certo antes de fazer meu arquivamento, mas não é necessário que eu esteja. Posso começar a arquivar mesmo que não esteja a fim, e é do meu melhor interesse fazer exatamente isso".
>
> **Nível de convicção** = 40%
>
> *Ataque:* Sem essa. É terrível fazer arquivamento quando não estou no estado de espírito certo. Melhor esperar até que eu esteja com vontade.
>
> *Resposta:* Sinceramente, arquivar quando não estou a fim não é legal, mas está longe de ser terrível. Consigo pensar em muitas coisas piores, e "terrível" significa que nada pode ser pior. Isso

é ridículo. Ainda, se eu tiver de aguardar até ter vontade de fazer o arquivamento, vou esperar muito tempo, e quanto mais eu esperar, mais documentos vão se acumular, e as chances de eu querer arquivar quando a pilha for enorme são muito menores do que quando a pilha ainda estiver pequena.

Ataque: Sim, mas fazer arquivamento é chato e eu não suporto esse desconforto.

Resposta: Concordo que é desconfortável fazer o arquivamento, porque não é uma tarefa prazerosa, mas não significa que eu não consiga suportar. Claro que posso suportar, e não vai me matar.

Ataque: Sim, mas arquivar é um trabalho tão braçal; eu jamais deveria ser obrigado a fazer isso.

Resposta: De fato, arquivar é mesmo um trabalho braçal, mas não é por isso que serei poupado de fazê-lo. Não sou tão especial assim a ponto de poder isentar-me dessa responsabilidade. Além disso, dedicar-me a uma tarefa braçal não me torna uma pessoa menor e menos importante. Sou a mesma pessoa, faça o arquivamento ou não, e é claramente do meu interesse fazê-lo com regularidade, para que eu esteja no controle dos meus assuntos de negócios.

Ataque: Mas é tão injusto. Eu já me esforço tanto no meu negócio. Eu definitivamente não deveria ter que aturar a injustiça de arquivar.

Resposta: Para começo de conversa, fazer arquivamento é parte do meu negócio. Só porque desempenho bem algumas das minhas tarefas na empresa não significa que seja injusto eu ter de fazer meu próprio arquivamento. Mas mesmo que fosse injusto, quem disse que devo ser poupado da injustiça? Não tenho que ser poupado. No entanto, se eu exigir ser poupado, terei três problemas pelo preço de um: o arquivamento, minha perturbação sobre a injustiça de fazê-lo e a procrastinação que resultará do meu incômodo.

Nível de convicção da atitude original flexível/não extrema = 75%

Existem duas variações da técnica de zigue-zague que você também pode usar. A primeira requer um aplicativo de gravação no smartphone ou em um gravador de voz digital para gravar os ataques e as respostas, pois, ao reproduzir o diálogo, você pode avaliar não apenas o conteúdo dos argumentos que empregou, mas o tom em que os fez. É importante que o tom das suas respostas seja mais poderoso e convincente do que o tom dos seus ataques. Se o inverso for verdadeiro, então os níveis de convicção na sua atitude flexível/não extrema não vão aumentar, e podem até diminuir. Assim, quando estiver usando a versão gravada da técnica do zigue-zague, procure enunciar suas respostas de forma mais poderosa e persuasiva do que seus ataques, modificando seu tom de voz para atender a esse objetivo.

A segunda variação da técnica do zigue-zague que quero mencionar é conhecida como técnica do advogado do diabo e, para colocá-la em prática, você terá de pedir a ajuda de um amigo. Peça que seu amigo ataque sua atitude flexível/não extrema da maneira que você fez nas versões escrita e gravada da técnica, e sua tarefa será responder a tais ataques. Talvez você tenha de explicar a natureza das atitudes flexíveis/não extremas e rígidas/extremas para que seu amigo seja capaz de desempenhar o papel de advogado do diabo adequadamente, mas, se bem empregada, essa técnica poderá ajudá-lo a fortalecer sua convicção nas suas atitudes flexíveis/não extremas de forma significativa.

Muitas vezes me perguntam se as três variações da técnica do zigue-zague devem ser feitas em alguma ordem específica. Embora não haja uma ordem definitiva, eu recomendo que você faça a variação escrita primeiro e depois a variação gravada, deixando a variação do advogado do diabo para ser usada por último. Recomendo essa ordem porque, na minha experiência, é a que melhor se adapta ao uso da técnica de zigue-zague. No entanto, se preferir uma ordem diferente, você é o melhor juiz para decidir o que funciona melhor para si.

A TÉCNICA DAS IMAGENS EMOTIVAS

Um segundo método para fortalecer sua atitude flexível/não extrema é conhecido como técnica de imagens emotivas. A seguir, apresento as instruções que costumo dar às pessoas que desejam fortalecer sua atitude antiprocrastinação.

1. Pense em uma situação em que você procrastinou e identifique o tema da sua procrastinação (consulte o Capítulo 3 para rever os temas de procrastinação). Pode ter sido uma ameaça (como desconforto, a perspectiva de fracasso ou desaprovação), um estado de desequilíbrio com outra pessoa ou falta de motivação (ou seja, procrastinação como prelúdio), para citar apenas três.
2. Feche os olhos, imagine vividamente essa situação e concentre-se no tema da sua procrastinação.
3. Identifique e se conecte com a atitude rígida/extrema à qual você se apegou em relação a esse tema.
4. Enquanto ainda imagina a mesma situação e se concentra no mesmo tema, mude sua atitude rígida/extrema para sua alternativa flexível/não extrema e permaneça com essa nova atitude até que se veja começando a executar a tarefa que procrastinou.
5. Mantenha essa atitude flexível/não extrema e a ação associada em sua mente por cerca de cinco minutos, o tempo todo imaginando o tema que identificou. Se retornar à antiga atitude rígida/extrema, resgate a nova atitude.

Ao usar a técnica de imagens emotivas, Bernard fechou os olhos e imaginou-se diante de uma pilha de arquivos que era do seu interesse organizar. Ao fazê-lo, concentrou-se nos aspectos desconfortáveis de abordar a tarefa (já que o "desconforto" era o tema da procrastinação de Bernard) e entrou em contato com sua atitude rígida ("Eu preferiria estar no estado de espírito certo antes de fazer meu arquivamento, portanto, tenho de estar") e com a forte tendência a procrastinar que a acompanhava. Então, mantendo o foco no desconforto que associava à pilha de papel diante de si, Bernard mudou para sua atitude alternativa flexível ("Eu preferiria estar no estado de espírito certo antes de fazer meu arquivamento, mas não é necessário que eu esteja. Posso começar a arquivar mesmo que não esteja a fim, e é do meu interesse fazer exatamente isso") e manteve essa atitude por cinco minutos enquanto, ao mesmo tempo, imaginava-se arquivando todos os documentos.

Como essa técnica leva apenas cerca de sete minutos, sugiro que você a utilize várias vezes ao dia. Dá para praticá-la enquanto espera o ônibus ou no trem, a caminho do trabalho. À medida que desenvolve competência nessa técnica, sugiro que a repita cerca de dez vezes por dia, especialmente caso sofra de procrastinação geral crônica, até conseguir parar de procrastinar na prática. No entanto, não use essa técnica a serviço da sua procrastinação (ou seja, não a pratique em vez de fazer a tarefa – pratique-a como um prelúdio para agir).

Coloque suas atitudes flexíveis/ não extremas em ação

Na seção anterior, descrevi duas estratégias para fortalecer sua convicção em atitudes flexíveis/não extremas: a técnica do zigue-zague e a técnica de imagens emotivas. Ambas são técnicas cognitivas, pois empregam a capacidade de pensamento e a imaginação. No entanto, a menos que aja de acordo com essas atitudes, você não incorporará a flexibilidade/não extremismo em seu sistema de atitudes e continuará a procrastinar. Por isso, depois de ter fortalecido cognitivamente sua convicção nas atitudes flexíveis/não extremas, é importante que também o faça do ponto de vista comportamental. Ao fazer isso, sugiro que repasse suas novas atitudes flexíveis/não extremas ao mesmo tempo em que age, enfrentando a situação e o tema ao qual costuma responder com procrastinação.

Por exemplo, depois que Bernard reforçou sua convicção na atitude flexível usando a técnica do zigue-zague e a técnica de imagens emotivas, ele a fortaleceu aplicando-as ao seu comportamento, começando a arquivar quando não estava no estado de espírito certo para fazê-lo, enquanto repassava sua atitude flexível ("Eu preferiria estar no estado de espírito certo antes de fazer meu arquivamento, mas não é necessário que eu esteja. Posso começar a arquivar mesmo que não esteja a fim, e é do meu interesse fazer exatamente isso").

Se Bernard tivesse fortalecido cognitivamente sua convicção na atitude flexível, mas não agisse sempre que não "estivesse a fim" de arquivar, teria enfraquecido essa crença de atitude e fortalecido a convicção na atitude rígida ("Eu preferiria estar no estado de espírito certo antes de fazer meu arquivamento, portanto, tenho de estar"). Nesse caso, embora Bernard estivesse repassando cognitivamente sua atitude flexível, a falha em fazer o arquivamento quando não estava com vontade de fazê-lo teria provado, ainda que erroneamente, que ele realmente precisa se sentir no estado de espírito certo antes de começar a arquivar.

Portanto, sugiro fortemente que, após fortalecer cognitivamente a convicção na sua atitude flexível/não extrema, você aja de acordo com essa atitude antiprocrastinação e o faça sem demora. O adiamento aumenta o risco de fortalecer sua antiga atitude rígida/extrema baseada na procrastinação, que é, obviamente, a última coisa que você quer. Quanto mais responder com ação imediata a situações em que teria procrastinado no passado (enquanto repassa a atitude flexível/não extrema ao mesmo tempo), mais provável será que consiga superar sua procrastinação crônica. No entanto, em tais casos, eventuais adiamentos aumentarão as chances de prejudicar todo o trabalho que você fez para mudar suas atitudes flexíveis/não extremas até o momento, com a consequência de que continuará deixando para amanhã as tarefas que são do seu melhor interesse fazer hoje.

Nesta parte do livro, discuti como lidar com a procrastinação crônica em termos gerais. Na próxima parte, abordarei tipos específicos de procrastinação crônica. Ao fazer isso, discutirei os fatores psicológicos comumente presentes em cada um dos tipos específicos e como lidar com eles. Como são variações do que discuti na primeira parte do livro, sugiro que releia as seções relevantes à medida que você avance na leitura.

PARTE 2

LIDANDO COM DIFERENTES TIPOS DE PROCRASTINAÇÃO

6

LIDANDO COM A PROCRASTINAÇÃO “EXATAMENTE ASSIM”

Como mencionei no final da Parte 1, discutirei nesta seção como você pode lidar com diferentes tipos de procrastinação. Ao fazer isso, encare as técnicas que serão apresentadas como complementares às técnicas que ensinei na primeira parte.

Se você sofre de procrastinação crônica "exatamente assim", é muito provável que adie as tarefas porque teme que, se as fizer, elas não serão "exatamente assim". As pessoas que sofrem desse tipo de procrastinação tendem a pensar em si mesmas como perfeccionistas e, embora consigam enxergar os perigos da procrastinação, costumam alimentar sentimentos mistos sobre desistir de suas ideias perfeccionistas, acreditando erroneamente que isso significa que terão de se contentar com a segunda melhor opção.

Como identificar a procrastinação "exatamente assim"? Você enfrenta esse tipo de procrastinação se exibir a maioria das seguintes características, seja em algumas ou na maior parte das ocasiões:

1. Você tende a pensar em termos de oito ou oitenta (por exemplo: "O que eu faço ou é perfeito ou não presta").
2. Não começa a fazer algo até que todas as condições sejam "exatamente assim".
3. É altamente competitivo. Acredita que precisa ser o número um e, a menos que tenha certeza de sê-lo, não começará a fazer a tarefa que há para ser feita.
4. Sustenta que há uma maneira certa e uma maneira errada de fazer algo e, a menos que tenha certeza de que fará da maneira certa, não fará nada, mesmo que seja do seu melhor interesse.
5. Sustenta que a excelência (que você exige que tenha de alcançar) tem de ser alcançada sem muito esforço e, se tiver de se esforçar por alguma coisa, significa que não é bom nisso.
6. Acha que seus desempenhos e suas habilidades determinam seu valor.

7. Acha que tem que fazer a tarefa de primeira e, se achar que não consegue, nem começa.
8. Uma vez que tenha iniciado uma tarefa, e na busca para fazê-la perfeitamente bem, você gasta muito mais tempo do que ela de fato requer. Antes de começar uma tarefa, saber quanto tempo tende a gastar em demandas assim o desencorajam a iniciá-la.
9. Após começar uma tarefa, tende a monitorar seu desempenho em relação a ela muito de perto e, se o que acabou de fazer não for "exatamente assim", você fará tudo novamente. Dessa forma, tende a progredir muito devagar na execução.
10. Você tende a não pedir ajuda se as coisas derem errado, pensando que isso revelará que é uma pessoa fraca. Além disso, a partir de seu quadro de referência perfeccionista, considera que, quando os outros o auxiliam, o que você fez não conta.

Até agora, discuti o tipo perfeccionista de procrastinação "exatamente assim". Existe outro tipo que reflete um padrão obsessivo-compulsivo de procrastinação "exatamente assim". Caso se encaixe nesse tipo:

1. Você não fará nada se isso significar que não tem controle absoluto, seja de si mesmo ou das condições em que está trabalhando. Ao adotar essa postura, tende a pensar que perderá o controle completo de si mesmo se afrouxar as rédeas do autocontrole total e que, se não conseguir controlar seu ambiente, o caos surgirá.
2. Você não executa a tarefa a menos que tenha certeza absoluta de como ela terminará.
3. Você se considera totalmente responsável pelo resultado do seu desempenho e não fará a tarefa se achar que ela pode dar errado. Se isso acontecer, você se culpará pelo resultado ruim.

4. Você se recusa a correr riscos e adiará a tarefa até que não haja risco envolvido em realizá-la.
5. Você se recusa a delegar tarefas a outros porque não confia em ninguém para fazer "exatamente assim". Logo, fica constantemente sobrecarregado com demandas que insiste que só você pode realizar. Isso significa que raramente consegue fazer em tempo hábil as tarefas que são de fato importantes para você. Consequentemente, com frequência tem a sensação de estar perseguindo o próprio rabo.

Lidando com a procrastinação perfeccionista "exatamente assim"

Para lidar com esse tipo de procrastinação perfeccionista, é importante que você faça o seguinte:

- Pare de pensar em termos de "oito ou oitenta" e comece a praticar a visualização de eventos dentro de um espectro contínuo. Por exemplo, em vez de pensar: *O que eu faço ou é perfeito ou não presta*, mostre a si mesmo que existem muitos pontos entre a "perfeição" e o "imprestável".
- Reavalie a ideia de que todas as condições têm que ser "exatamente assim" antes de começar uma tarefa que seja do seu melhor interesse, e pratique agir de uma forma diferente.
- Repense a ideia de que você tem que ser o melhor ao fazer algo e mostre a si mesmo que pode executar uma tarefa, mesmo que outros consigam desempenhá-la melhor do que você.
- Perceba que, em muitos casos, existem várias maneiras de executar uma tarefa e que não há um modo certo e outro errado de fazê-la.

- Compreenda que a excelência em geral é alcançada após muitas tentativas e dedicação, sendo raramente alcançada sem esforço.
- Desenvolva uma atitude de autoaceitação incondicional na qual seu valor se baseie no fato de que você é um ser humano, está vivo e é único, e não nos seus excelentes desempenhos e habilidades.
- Admita que, embora possa fazer algo perfeitamente bem, só será capaz de fazê-lo tão bem assim de vez em quando.
- Reconheça que é da natureza do ser humano cometer erros e que você não precisa desistir se algo der errado. Em vez disso, pode aprender com os erros e continuar fazendo a tarefa em questão.
- Antes de começar a tarefa e ao fazê-la, concentre-se no que é realista e não no que é ideal.
- Não desista de seus padrões elevados, mas desista da exigência de que sempre precisa atingir tais padrões.
- Desista da exigência de fazer a tarefa logo de primeira. Muitas tarefas, a menos que sejam simples e rotineiras, geralmente levam mais de uma "sessão" para serem concluídas. Se aceitar esse fato e estiver preparado para deixar uma tarefa inacabada por algum tempo, isso o ajudará a superar sua procrastinação.
- Se você pensa de um modo perfeccionista, é particularmente importante que estabeleça um limite de tempo realista para completar a tarefa. Caso contrário, gastará muito tempo na execução e isso ajudará a reforçar seu perfeccionismo, pois você dedica tanto tempo à tarefa principalmente porque está tentando executá-la com perfeição.
- Depois de iniciar uma tarefa, é muito importante que você só a revise quando tiver terminado. Dessa forma, tenderá a minar o hábito de retomar caminhos já percorridos na tentativa de fazer tudo "exatamente assim".

- Reconsidere a ideia de que pedir ajuda significa ser uma pessoa fraca. Em vez disso, mostre a si mesmo que você é um ser humano falível que tem pontos fortes e pontos fracos e, ocasionalmente, precisa de outros para ajudá-lo a fazer algo. Lembre-se desta frase: "Só você pode fazer, mas não precisa fazer sozinho". Pensar assim tornará as tarefas complexas menos assustadoras e, portanto, será mais provável que você as enfrente se souber que pode pedir ajuda a outras pessoas.

Lidando com a procrastinação obsessivo-compulsiva "exatamente assim"

Ao lidar com a procrastinação obsessivo-compulsiva, o ideal é usar as várias estratégias que mencionei quando discuti como lidar com a procrastinação perfeccionista. Além disso, sugiro que você faça o seguinte:

- Acostume-se a tolerar não estar totalmente no controle, seja de si mesmo ou das condições de trabalho. Comece a tarefa mesmo assim. Logo aprenderá que não vai desmoronar se fizer isso regularmente, tampouco o caos irá se instaurar quando você deixar de controlar seu entorno.
- Repense a ideia de que precisa saber como algo vai acabar antes mesmo de começar. Admita que ter esse conhecimento é ótimo, mas não imprescindível, o que é bom, porque raramente você terá essa previsão. Se fosse assim, as casas de apostas não existiriam, pois apostaríamos em certezas. Acostume-se a lidar com probabilidades em vez de garantias. É desconfortável agir assim, mas é tolerável e vale a pena aturar tal desconforto, pois isso o ajudará a superar sua procrastinação crônica.
- Reconheça que, se fizer algo errado, é importante assumir a responsabilidade por suas ações, mas sem se culpar por elas. Se isso for particularmente difícil para

você, sugiro que consulte meu livro *Coping with Guilt* (Sheldon Press, 2013, inédito no Brasil). Nele, descrevo, em detalhes, como o binômio "responsabilidade + culpa" leva o indivíduo a assumir responsabilidade excessiva pelos resultados de suas ações, enquanto o binômio "responsabilidade + autoaceitação incondicional" o leva a assumir a medida adequada de responsabilidade por elas, delegando responsabilidade aos outros envolvidos também. Esta última atitude o ajudará a superar sua responsabilidade crônica quando a obsessão-compulsão e a culpa estiverem envolvidas.

- Acostume-se gradualmente a correr riscos enquanto tolera o grande desconforto que provavelmente sentirá em tais situações. Começar algo pode parecer um grande risco, mas se começar mesmo assim, pouco a pouco você se acostumará a arriscar-se, em especial se tirar da equação o sentimento de horror caso qualquer coisa dê errado – o que acontecerá de tempos em tempos. Afinal, essa – infelizmente, do seu ponto de vista – é a vida.
- Comece a delegar tarefas aos outros e confie que eles farão o melhor possível. Pode não ser "o melhor" ou "o seu melhor", mas na maioria das vezes servirá, especialmente a longo prazo. Eu sei que você já fica nervoso quando pensa em tolerar menos do que o melhor de si mesmo e dos outros, mas se tirar o fator "horrível" da equação verá que tal atitude o ajudará a superar seu problema de procrastinação.

Reiterando: em última instância, delegar tarefas a outras pessoas aliviará sua carga a longo prazo, principalmente se você estiver preparado para aceitar resultados que podem variar de bom a excelente, em vez de aceitar apenas resultados perfeitos. Se delegar enquanto muda sua atitude de esperar a perfeição de si e dos outros, é mais provável que cumpra as tarefas no prazo, porque terá menos a fazer na sua vida.

7

LIDANDO COM A PROCRASTINAÇÃO POR MEDO DO FRACASSO

Quem sofre de procrastinação crônica baseada no medo do fracasso adia as tarefas quando acha que pode falhar em alguma etapa. A diferença entre esse tipo de procrastinação e a procrastinação perfeccionista é que, nesta última, a ansiedade vem da possibilidade de fazer as coisas de forma imperfeita; na outra, a ansiedade surge ante a possibilidade de falha. Existem semelhanças entre os dois tipos, porque na procrastinação perfeccionista o indivíduo geralmente pensa que um desempenho abaixo de perfeito é equivalente ao fracasso.

Como identificar a procrastinação por medo do fracasso? Você enfrenta esse tipo de procrastinação se exibir a maioria das seguintes características, algumas vezes ou na maioria delas:

1. Você mantém a atitude rígida de que não deve falhar ou se sair mal na tarefa em questão.
2. Você tende a equiparar seu valor ao seu desempenho. Assim, se falhar ou se sair mal em algo que considera importante, passa a se considerar um "fracasso".
3. Quando pensa em fazer a tarefa em questão, você superestima suas chances de falhar ou de fazê-la mal.
4. Você não começa a executar uma tarefa até ter certeza de que não falhará.
5. Assim que começa uma tarefa, você tende a monitorar seu desempenho muito de perto. Se começar a ter dificuldades para executá-la, rapidamente conclui que isso significa que irá fracassar e, por isso, para de trabalhar na tarefa em questão.

Para lidar com a procrastinação por medo do fracasso, é importante que você faça o seguinte:

- Examine e continue examinando sua atitude rígida de que não deve falhar ou se sair mal nas tarefas que são de seu melhor interesse e desenvolva e fortaleça a alternativa flexível para essa crença de atitude – que é melhor ter sucesso do que fracassar, mas não há lei que o isente de fracassar. Diante disso, mostre a si mesmo que é melhor se arriscar ao fracasso do que garanti-lo não realizando a tarefa. Acima de tudo, é vital que você aja de acordo com esses princípios.

- Mostre a si mesmo repetidamente que seu valor não é definido por seu desempenho. Assim, se falhar ou se sair mal na tarefa em questão, lembre-se de que é lamentável que esse tenha sido o resultado, mas que isso não significa, repito, não significa que você é um fracasso. Em vez disso, significa que é um ser humano falível, capaz de ter sucesso e também de fracassar. Mais uma vez, é importante que você aja de acordo com esse princípio e o faça de forma consistente.
- Avalie as chances de fracasso e sucesso de forma proporcional. É realmente uma certeza absoluta que você vai falhar? Se uma amiga próxima tivesse a mesma habilidade que você para desempenhar a tarefa, você recomendaria que ela não a executasse por estar fadada ao fracasso? Se a resposta for não, por que não basear as suas chances de sucesso e fracasso na mesma análise sóbria e começar a tarefa que precisa ser feita?
- Desafie a ideia de que você precisa ter certeza do sucesso antes de começar. Não existe tal certeza, e insistir nessa exigência só terá um resultado: procrastinação. Nessas áreas, só temos probabilidade, e é importante que você aceite esse fato e aja de acordo.

  Depois de iniciar uma tarefa, aprenda a se concentrar no que está fazendo, e não em como está fazendo. O primeiro comportamento vai ajudá-lo a continuar trabalhando na tarefa em questão, enquanto o último reforçará seu medo do fracasso e aumentará as chances de você parar logo após começar.

8

LIDANDO COM A PROCRASTINAÇÃO POR MEDO DO SUCESSO

Por mais estranho que pareça à primeira vista, algumas pessoas procrastinam não porque temem o fracasso, mas porque temem o sucesso. Em vez de colocarem a mão na massa, dando a si mesmas a chance de terem êxito ou de se saírem bem na tarefa, elas têm medo do sucesso e encontram maneiras de adiar a execução de algo que é do seu melhor interesse fazer.

Na verdade, o medo do sucesso, como conceito, não identifica a essência daquilo de que as pessoas têm medo, da mesma forma que o medo de voar não identifica a essência daquilo que as pessoas temem quando viajam de avião. Neste caso, o medo pode ser de uma queda ou de ficar confinado em um espaço sem rotas de fuga prontamente disponíveis, mas o medo não é de que o avião voe. Da mesma forma, quem tem medo do sucesso não teme ser bem-sucedido em alguma tarefa; o medo reside nas implicações do sucesso ou do que pode acontecer depois de o sucesso ocorrer.

Vamos agora dar uma olhada mais atenta no que alguém pode realmente temer ao alcançar sucesso em alguma tarefa e como é possível lidar com esse medo.

Primeiro, você pode ter medo de que, se for bem-sucedido, seus entes queridos vão esperar muito mais de você e, assim, nessas circunstâncias, mantém a atitude de que precisa corresponder às expectativas deles. Se essa for a sua atitude, você racionalizará que é melhor procrastinar e, portanto, não correr o risco de ter êxito ao fazer a tarefa do que fazê-la, ter um bom desempenho e depois não corresponder às expectativas dos outros. A principal maneira de lidar com esse medo é reavaliar a atitude de que você precisa corresponder às expectativas dos seus entes queridos. Não há nada de errado em querer corresponder às expectativas, desde que você se lembre de que isso não é essencial. Manter essa atitude flexível não o impedirá de fazer a tarefa, ao passo que manter a atitude rígida de que precisa atender às expectativas alheias não permite nem sequer que você comece a execução. Falarei mais sobre esse assunto no próximo capítulo, quando tratar da procrastinação baseada na aprovação.

Em segundo lugar, você pode ter medo de superar terceiros de quem gosta se fizer uma tarefa e for bem-sucedido. Em tais casos, você acha que eles ficarão chateados e você será o culpado. Acreditando nisso, racionaliza que é melhor procrastinar do que fazer a tarefa, executá-la bem e depois ser responsável pela mágoa de outra pessoa. Essa atitude é comum em pessoas que sentem muita culpa na vida. Elas assumem muita responsabilidade pelos eventos que as envolvem e delegam aos demais envolvidos pouquíssima responsabilidade. A maneira de lidar com esse medo é assumir, a princípio, que seu sucesso inevitavelmente levará à angústia de outra pessoa e que você é parcialmente responsável por isso, e então reavaliar a concepção de que seu comportamento nunca deve resultar na angústia de outrem. Em segundo lugar, precisa reexaminar a ideia de que é uma pessoa má se causar sofrimento a alguém. Claro que não é legal fazer alguém sofrer, mas significa mesmo que você é uma pessoa ruim se o fizer? Claro que não. Significa apenas que você é falível e às vezes vai ferir os sentimentos de alguém.

Tendo examinado sua atitude rígida e a atitude de autodesvalorização que dela deriva, você está agora em condições de olhar para a questão da responsabilidade de forma mais objetiva. Se você teve um bom desempenho e outra pessoa ficou chateada com isso, o que é responsabilidade sua e o que é responsabilidade da outra pessoa? Meu argumento é de que você é responsável por seu comportamento e a outra pessoa é responsável pela resposta que tem ao seu sucesso. Quando você se sente culpado pela resposta de outra pessoa ao seu sucesso, está assumindo a responsabilidade tanto pelo seu comportamento quanto pela resposta do outro. Se fosse assim, quando a outra pessoa se saísse bem e você ficasse chateado, essa pessoa seria responsável pelos seus sentimentos. Espero que você consiga enxergar que esse não é o caso. E, se não é o caso, você também não pode ser responsável pelos sentimentos de outra pessoa sobre o seu sucesso. De maneira alguma estou querendo dizer que você não deva se preocupar com os sentimentos dos outros; preocupe-se, mas não se sacrifique para poupá-los. Caso contrário, você continuará procrastinando por muito tempo. Se acha que a culpa exerce um grande papel na sua procrastinação crônica, repito que pode achar útil a leitura de meu livro *Coping with Guilt* (2013).

Em terceiro lugar, você pode temer que, se fizer a tarefa em questão e se sair bem, isso trará consequências negativas para você. Por exemplo, Naomi temia que, se estudasse e fosse bem nas provas, seus amigos, que evitavam estudar a todo custo, a isolariam ou passariam a tratá-la mal. Ajudei Naomi a lidar com seu problema de procrastinação, encorajando-a a ver que, se os amigos realmente respondessem da maneira que ela previa caso estudasse muito e tirasse boas notas nas provas, seria lamentável, mas não o fim do mundo. Então, ajudei Naomi a reconhecer que tinha aspirações de carreira que eram importantes para ela e que, se os amigos não a apoiassem em seus planos, talvez não fossem verdadeiros amigos. Portanto, se você procrastina porque tem medo de se machucar de alguma forma como resultado de obter sucesso nas tarefas, tire o fator "horror" dessa equação e aja de acordo com seus interesses, fazendo o melhor que puder na tarefa em questão.

Por fim, você pode temer o sucesso porque pensa que não o merece ou que não está destinado a alcançá-lo. A primeira dessas razões assenta-se na ideia perniciosa de que seu valor se baseia em algo e que, se não conseguir esse algo, não merece outras vantagens, como o sucesso. Caso você acredite nisso, é importante repensar essa concepção com assiduidade e frequência. Como apontei anteriormente, se você tem valor como ser humano, então a única abordagem racional de mensuração do seu valor humano será aquela baseada em seus aspectos imutáveis, como humanidade, vitalidade e singularidade. Se fizer isso, conseguirá superar esse medo, porque a única maneira de deixar de merecer o sucesso é deixar de ser humano e único ou, então, se morrer. No entanto, se basear seu merecimento em aspectos mutáveis (por exemplo, agradar seus pais), ele dependerá da sua conquista anterior de tais condições (ou seja, você merece sucesso se agradar seus pais e não merece sucesso se não conseguir agradá-los). Essa, dificilmente, é uma maneira saudável de levar a vida e com certeza não vai ajudá-lo a superar seu problema de procrastinação de maneira sustentada.

Geralmente, quem acredita que não foi feito para ter sucesso está se apegando a uma mensagem incutida desde cedo, seja porque aceitou essa ideia de pessoas importantes na infância ou porque está perpetuando uma sina familiar (por exemplo, "Os Baxter não nasceram para o sucesso. Eu sou um Baxter, portanto não mereço sucesso"). Se for o seu caso, é importante encarar criticamente essa ideia. Pergunte a si mesmo por que está destinado a não ter sucesso. Se for porque seus pais sempre disseram que você seria um fracasso, desafie esse estigma. Mostre a si mesmo que seus pais estavam errados, se essa era a opinião deles. Você tem o perfeito "direito" de ter sucesso porque é humano e não precisa continuar alimentando as mensagens críticas, tendenciosas e venenosas de seus pais. Assuma a responsabilidade de ter acreditado que estava predestinado ao fracasso e aprenda a desconstruir essa noção com cuidado e frequência. Se acha que não deve ser bem-sucedido porque é membro de uma família que não nasceu para o sucesso, perceba que você não está vinculado de forma inevitável a essa regra. Tais padrões familiares podem ser quebrados. Por que você não pode ser o primeiro Baxter a ter sucesso? Por que não pode reescrever a antiga sina da família Baxter? Se o fizer, além de ajudar a si mesmo, estará ajudando as futuras gerações dos Baxter.

Antes de concluir este capítulo, quero enfatizar um ponto que já apresentei antes e continuarei a repetir. A única maneira de realmente mudar atitudes rígidas e extremas é agir contra elas, e a única maneira de internalizar atitudes flexíveis e não extremas é tomá-las de maneira consistente.

9

LIDANDO COM A PROCRASTINAÇÃO POR DESEJO DE APROVAÇÃO

QUANDO ALGUÉM SEMPRE ADIA A EXECUÇÃO DE UMA TAREFA específica, pode ser por temor de incorrer, de alguma forma, na desaprovação das pessoas que considera importantes. Pode parecer medo de falhar (veja o Capítulo 7), mas a única razão para o temor do fracasso é a desaprovação que o indivíduo tem certeza de que enfrentará.

Como determinar se você enfrenta a procrastinação "por desejo de aprovação"? Você enfrenta esse tipo de procrastinação se exibe a maioria das seguintes características, seja às vezes ou na maior parte das vezes:

1. Você se apega à atitude de que deve obter a aprovação das pessoas que considera importantes. Uma atitude relacionada (mas não idêntica) acontece quando você exige não incorrer na desaprovação de pessoas que lhe são importantes. A diferença entre essas duas atitudes está na sua reação a respostas neutras. Ou seja, se acredita que deve obter a aprovação de pessoas que considera importantes, você se sentirá incomodado ao receber uma resposta neutra; afinal, não estará recebendo a aprovação que considera necessária. No entanto, se acredita que não deve ser reprovado por pessoas que lhe são importantes, não se sente incomodado com a resposta neutra, porque tal resposta não constitui desaprovação.
2. Dito isso, você tem dificuldade para ver as respostas neutras de entes queridos como indicadores de neutralidade; tende a vê-las como desaprovação. Além disso, quando tais pessoas realmente o desaprovam, você tende a superestimar o tamanho dessa desaprovação e o tempo que ela dura.
3. Quando entes queridos desaprovam seu comportamento, você acha que isso significa que eles o desaprovam como pessoa.

4. Sua autoestima está diretamente relacionada à visão que as pessoas importantes na sua vida têm de você.
5. Você é altamente sensível ao humor dos outros e tenta modificar seu comportamento para se adequar ao deles para que, assim, eles o aprovem (ou não o desaprovem).
6. Você acha que, se seus entes queridos o desaprovam (ou não aprovam), a culpa deve ser sua.
7. Você prefere sacrificar seus próprios interesses para obter a aprovação de pessoas que considera importantes (ou para evitar incorrer em sua desaprovação).
8. Sempre que pensa em fazer a tarefa que está procrastinando, imagina tais pessoas identificando o que há de errado no que você está fazendo e desaprovando sua ação.

Para lidar com a procrastinação por desejo de aprovação, é importante que você faça o seguinte:

- Reavalie a ideia de que precisa ter a aprovação de pessoas que considera importantes ou que essas pessoas não devem desaprová-lo usando os métodos descritos na Parte 1 deste livro (veja o Capítulo 5). Perceba que, embora seja desejável obter aprovação (ou evitar desaprovação), ela não é essencial.
- Reconheça que, embora seus entes queridos possam estar muito interessados no que você faz, talvez não estejam tanto quanto você acha que estão. Eles podem, às vezes, ter uma postura neutra sobre o que você faz e como faz. Geralmente, estão preocupados consigo mesmos e concentrados no que eles próprios estão fazendo, e não no que você está fazendo. Caso eles o desaprovem, perceba que é algo mais fugaz do que você pensa que é; da mesma forma, é provável que qualquer desaprovação que você tenha em relação a eles também seja passageira.
- Quando entes queridos desaprovam seu comportamento, reconheça que não significa que o desaprovam como pessoa. Mesmo quando o fazem, como mencionei acima,

trata-se – com toda probabilidade – de uma atitude passageira.

- Se tiver que basear sua autoestima em alguma coisa, baseie-a em seus atributos imutáveis – ou seja, sua vitalidade, humanidade, falibilidade e singularidade –, em vez de relacioná-la à visão que as pessoas que considera importantes têm de você.
- Fique atento ao humor dos outros, mas não os examine minuciosamente para tentar ler suas atitudes e saber como estão se sentindo. Decida não mudar seu comportamento para se adequar aos outros. Arrisque-se a receber desaprovação e, se receber, aceite-se incondicionalmente. À medida que desenvolve essa atitude, mostre exemplos de seu trabalho a seus entes queridos e aceite-se incondicionalmente por qualquer crítica que receber.
- Se entes queridos o desaprovam (ou não aprovam), isso pode ou não ser devido ao que você fez ou deixou de fazer. Se for por causa de algo que você fez (por exemplo), o importante é que assuma a responsabilidade por suas ações, mas não se culpe por elas. Nesse caso, esforce-se para desenvolver uma filosofia de responsabilidade sem culpa. Isso envolve dizer a si mesmo que você é o autor do comportamento que resultou na desaprovação alheia, mas não significa que seja uma pessoa ruim ou sem valor por agir da maneira que agiu. Em vez disso, reconheça que você é o autor do seu comportamento e que isso prova apenas que você é um ser humano falível que agiu de maneira infeliz. Não prova, de jeito nenhum, que você é uma pessoa má ou sem valor. Na responsabilidade com culpa, por outro lado, o indivíduo assume seu comportamento *e* se culpa ou condena a si mesmo por agir de tal maneira.
- No entanto, quando um ente querido o desaprova pelo que você fez (ou pelo que não fez), isso pode ser reflexo mais das próprias opiniões e atitudes da outra pessoa do

que do seu comportamento. Para julgar qual é o caso, pergunte-se como um júri de doze pessoas imparciais teria visto seu comportamento. Se a maioria não o desaprovasse pelo que fez (ou deixou de fazer), então é provável que a desaprovação que recebeu de seu ente querido tenha mais a ver com ele do que com você e como você agiu. Lembre-se desses pontos quando estiver com dificuldades em seus esforços para superar a procrastinação crônica.

- Não sacrifique seus melhores interesses para obter a aprovação daqueles a quem preza (ou para evitar incorrer em sua desaprovação). Se continuar agindo assim, prejudicará suas tentativas de adotar uma atitude flexível e não exigente em relação à aprovação. Um dos bloqueios que você pode encontrar ao se esforçar para desistir do autossacrifício é pensar que está sendo egoísta. Perceba que há uma diferença entre egoísmo e interesse próprio justificável. Como discuti no meu livro *Ten Steps to Positive Living* (Sheldon Press, 2020, inédito no Brasil), o egoísmo envolve colocar-se compulsivamente em primeiro lugar, sem a devida consideração pelos sentimentos e pelas preocupações dos outros. O interesse próprio esclarecido, por outro lado, ocorre quando você se preocupa com seus próprios interesses e com os interesses de pessoas importantes para você, e embora na maior parte do tempo você coloque os seus interesses em primeiro lugar e os dos outros em segundo, às vezes inverte essa hierarquia de prioridades – a saber, quando os interesses deles são mais urgentes do que os seus. Em resumo, no egoísmo você se coloca em primeiro lugar sem a devida consideração pelos interesses dos outros; no autossacrifício você coloca os outros em primeiro lugar sem a devida consideração por seus próprios interesses. Ambas as posições são, como se pode ver, extremas. O interesse próprio esclarecido, por outro lado, é uma posição mais flexível, pois permite que você cuide de si mesmo para que às vezes possa cuidar dos outros. Portanto, se sua procrastinação é baseada em desejo de aprovação, adotar uma filosofia de interesse próprio esclarecido vai ajudá-lo a superá-la.

- Quando tiver feito algum progresso no exame e na mudança de sua atitude rígida (de que precisa ter a aprovação de entes queridos para o que fez), você passará a ver que, se não se sair perfeitamente bem na tarefa em questão, obterá uma série de reações de outras pessoas em resposta ao seu desempenho. Algumas vão desaprová-lo como pessoa, outras vão desaprovar o que você fez, mas não o desaprovarão como pessoa, outras vão aprová-lo como pessoa, outro grupo vai aprovar o seu desempenho sem pensar melhor em você como pessoa, e haverá ainda os neutros a respeito do que você fez. Isso contrasta com seus pontos de vista sobre essa questão quando acredita que deve ser aprovado pelo que faz. Quando você tem uma necessidade extrema de aprovação dos outros e não se sai bem em determinada tarefa, tende a pensar que todos seus entes queridos o desaprovarão como pessoa. Assim, enquanto sua necessidade extrema de aprovação o incita a pensar apenas na desaprovação dos outros se cometer um erro na tarefa – uma mentalidade que promove a procrastinação –, sua atitude flexível para receber a aprovação dos outros pode levá-lo a desenvolver uma visão equilibrada em relação às respostas alheias ao seu desempenho na tarefa – mentalidade que provavelmente vai ajudá-lo a realizar a tarefa em questão.

10

LIDANDO COM A PROCRASTINAÇÃO POR MEDO DO DESCONFORTO

A procrastinação por medo do desconforto ocorre quando você adia uma ação que é de seu melhor interesse para manter uma sensação de conforto ou para livrar-se ou evitar um desconforto que prevê que experimentará se iniciar determinada tarefa. No entanto, o ingrediente crucial no cerne desse tipo de procrastinação é uma atitude rígida/extrema em relação ao desconforto/conforto.

Assim, diante da perspectiva de iniciar uma tarefa quando se encontra em estado de conforto, a razão pela qual você procrastina não se deve a estar confortável, mas a uma atitude rígida/extrema de permanecer nesse estado confortável (por exemplo, "devo manter meu conforto e não suporto ficar desconfortável ao iniciar a tarefa em questão").

Além disso, se você decidir iniciar a tarefa e começar a sentir desconforto, tenderá a interromper a execução e adiá-la se mantiver a atitude rígida/extrema em relação ao desconforto que começou a sentir ("Não consigo suportar esse desconforto. Tenho que me livrar dele o mais rápido possível").

Finalmente, se você prevê que se sentirá desconfortável caso comece a tarefa em questão, sua atitude rígida/extrema em relação ao desconforto previsto levará à procrastinação (por exemplo, "Não consigo suportar nenhum desconforto ao começar a tarefa. Não devo me sentir desconfortável ao executá-la"). Portanto, se deseja superar sua procrastinação crônica específica ou geral, é importante que, primeiro, identifique, examine e, então, mude suas atitudes rígidas/extremas para perder a sensação de conforto e experimentar uma sensação de desconforto; segundo, que desenvolva um conjunto de atitudes flexíveis/não extremas que envolvam tolerar a perda de conforto e experimentar o desconforto porque é do seu interesse fazê-lo. Esse último ponto é importante. Não estou defendendo que você desenvolva uma atitude tolerante ao desconforto a troco de nada. Defendo que você desenvolva tal atitude porque irá ajudá-lo a superar seu problema crônico de procrastinação e a viver uma vida mais eficaz (caso seja isso que você deseja fazer).

Assim, diante da perspectiva de iniciar uma tarefa em uma situação de conforto, você será capaz de passar para um estado de desconforto temporário – que normalmente acompanha o início de uma tarefa menos prazerosa do que aquela em que você estava envolvido antes – se sustentar uma atitude flexível/não extrema quanto a manter seu estado confortável (por exemplo, "Eu gostaria de continuar confortável, mas isso não é imprescindível. Consigo suportar o desconforto de iniciar a tarefa, e executá-la vai valer a pena para mim").

Além disso, se decidir começar a tarefa e se sentir desconfortável, continuará a fazê-la – em vez de interrompê-la – se mantiver uma atitude flexível/não extrema em relação ao desconforto que surgiu (por exemplo, "Consigo suportar esse desconforto e não tenho que me livrar dele o mais rápido possível. Posso suportá-lo porque a tarefa é do meu melhor interesse").

Finalmente, se prevê que sentirá desconforto caso comece a tarefa em questão, sua atitude flexível/não extrema em relação ao desconforto previsto o levará a iniciar a tarefa em vez de procrastinar (por exemplo, "Se eu começar a tarefa e sentir desconforto, eu consigo suportar. Prefiro não me sentir desconfortável ao executá-la, mas não preciso ser poupado dessa experiência. De qualquer maneira, vale a pena fazer a tarefa mesmo assim").

Mais uma vez, quero enfatizar que suas atitudes flexíveis/não extremas por si só não vão ajudá-lo a superar a procrastinação. Porém, tais atitudes sustentadas por ações regulares consistentes com elas, sim. Por exemplo, se você mantiver a atitude: "Se eu começar a tarefa e sentir desconforto, eu consigo suportar. Prefiro não me sentir desconfortável ao executá-la, mas não preciso ser poupado dessa experiência. De qualquer maneira, vale a pena fazer a tarefa mesmo assim", mas não começar a tarefa, sua procrastinação contínua minará sua convicção nessa crença saudável. Nesse caso, por mais que mantenha a nova atitude em sua mente, estará agindo como se acreditasse na alternativa rígida/extrema – isto é, "Não consigo suportar nenhum desconforto ao começar a tarefa. Não devo me sentir desconfortável ao executá-la". Nesses casos, a atitude sustentada pela ação é fortalecida, ao passo que a atitude não apoiada pela ação é enfraquecida. Este é um dos princípios mais importantes para superar a procrastinação e, como tal, vou destacá-lo.

> A melhor maneira de superar a procrastinação é pensar com flexibilidade e, de maneira não extrema, agir consistentemente com esse pensamento.

Os cinco componentes de uma atitude de tolerabilidade em relação ao desconforto

No Capítulo 5, discuti a atitude extrema de intolerabilidade e o papel que ela desempenha no estímulo da procrastinação. Também discuti a atitude não extrema de tolerabilidade e o papel que ela desempenha em ajudar as pessoas a lidar efetivamente com o problema da procrastinação.

Mencionei, naquele capítulo, que a atitude de tolerabilidade tem cinco componentes. Quando se depara com o desconforto, é necessário que você tenha todos os cinco componentes em ordem para não procrastinar. Vamos supor que esteja se sentindo desconfortável ao se sentar para desempenhar uma tarefa que é do seu melhor interesse executar naquele momento. Se você procrastina, provavelmente está se apegando a uma atitude rígida e extrema de intolerabilidade em relação a esse sentimento de desconforto (por exemplo, "não consigo suportar me sentir desconfortável"). Ao trazer a atitude de tolerabilidade alternativa para tal desconforto, é importante incluir todos os cinco elementos dessa atitude:

1. É um sofrimento para mim tolerar o desconforto.
2. Eu consigo tolerar.
3. Vale a pena tolerar o desconforto.
4. Estou disposto a tolerar.
5. Vou tolerar.

Se colocar em prática os três primeiros componentes, pode até parecer que começará a tarefa, mas não necessariamente. Logo, você pode dizer: "É um sofrimento para mim tolerar o desconforto, mas consigo suportar e isso vale a pena para mim", e mesmo assim procrastinar porque não está disposto a suportar o desconforto. Além disso, você pode dizer: "É um sofrimento para mim tolerar o desconforto, mas consigo suportá-lo e isso vale a pena. Estou disposto a suportar o desconforto", e ainda procrastinar porque não se comprometeu a tolerar o desconforto no contexto da tarefa relevante. Então, minha sugestão é: se estiver desenvolvendo uma atitude não extrema de tolerabilidade em relação ao desconforto, inclua todos os cinco componentes e, em seguida, tome uma ação antiprocrastinação imediata.

Deixe-me agora aplicar tudo o que disse sobre esse tipo de procrastinação, incluindo as táticas para superá-la, aos problemas comuns de procrastinação relacionados a desconforto.

Inércia

Quando opera de acordo com o princípio da inércia, você tem uma forte tendência de continuar fazendo o que está fazendo. Na maioria das vezes, a inércia é entendida como uma dificuldade de seguir em frente. Um cenário típico é aquele em que você está deitado em frente à televisão assistindo a programas pelos quais tem pouco interesse, sabendo que está desperdiçando seu tempo e que seria uma boa ideia levantar-se para fazer uma tarefa do seu melhor interesse, mas, mesmo assim, não se mexe. Por quê? Porque está confortável e não fará a transição do conforto (ou seja, deitado) para o desconforto (o esforço de se levantar e começar uma tarefa que pode ser desagradável), por mais que saiba que seu desconforto será de curta duração. Você não faz o esforço porque acredita que não deve perder o conforto do momento e que experimentar o desconforto associado a se levantar e se mexer será demais para você.

Se sua procrastinação crônica é amplamente baseada na inércia, é importante que você tome duas medidas. Em primeiro lugar, desenvolva uma atitude saudável em relação ao conforto e ao desconforto. Prove a si mesmo que, embora possa ser indesejável perder o conforto do momento, não há lei que decrete que você não deva desistir de se sentir confortável quando for do seu interesse fazê-lo. Mostre a si mesmo que é difícil passar do conforto ao desconforto, mas não impossível. Sem dúvida, você se levantaria se sentisse cheiro de fumaça vindo de outro cômodo, não é? Claro que sim. Isso prova que não é *tão* difícil assim. Você faz o esforço quando vale a pena, portanto, é importante trazer à tona por que fazer a transição do conforto para o desconforto vale a pena. Além do mais, como dito acima, você precisa estar disposto a suportar o desconforto e se comprometer com essa atitude.

Em segundo lugar, adquira muita prática em agir contra sua inércia. Procure deliberadamente o conforto, desfrute-o por algum tempo e então se force a sair do lugar, mesmo que seja desconfortável. Essa prática realmente vai beneficiá-lo a longo prazo, pois o ajudará a quebrar o padrão de inércia e a mostrar a si mesmo que você é capaz de abrir mão do conforto de curto prazo para obter ganhos de longo prazo. Sim, até posso ouvi-lo dizendo que já sabe disso. Mas eu rebato que você só saberá de verdade ao pôr essas recomendações em prática.

A necessidade de gratificação instantânea

Se acredita que precisa ter o que quer quando quer, você acredita que precisa de gratificação instantânea. Essa atitude rígida torna muito difícil iniciar uma tarefa que seja de seu melhor interesse quando houver outras opções mais atraentes em jogo. Mesmo se começar a tarefa em questão, sua atitude de que precisa de gratificação instantânea garantirá que você logo mude para outra atividade que tenha um apelo mais imediato. Brian, um dos meus clientes, um universitário de 20 anos, reclamava que não conseguia fazer nenhum trabalho acadêmico porque os colegas ficavam batendo à sua porta, convidando-o para uma distração atraente ou outra, quando ele estava ocupado tentando estudar. Quando perguntei por que ele parava de estudar para sair com os amigos, o rapaz me encarou com espanto. Era óbvio que ia sair com os amigos, respondeu, afinal o que eles estavam oferecendo era mais agradável do que os trabalhos acadêmicos.

Sejamos sinceros, sempre que você se depara com a necessidade de desempenhar uma tarefa de apelo limitado, mas que é do seu melhor interesse (como estudar ou colocar sua contabilidade em ordem), sempre haverá algo mais agradável para fazer. E se começar a executar a tarefa em questão, sempre haverá uma oferta mais atraente para desviá-lo do trabalho. É por isso que, se você acredita que deve ter o que quer quando quer (e deseja superar seu problema de procrastinação de longa data), terá que desenvolver uma perspectiva mais saudável para lidar com o fato de que não será imediatamente gratificado. Como você já deve desconfiar a essa altura, existem duas maneiras principais de fazer isso. Em primeiro lugar, use todas as técnicas que discuti até agora, elaboradas para ajudá-lo a examinar sua atitude rígida/flexível – isto é, "devo ter o que quero quando quero e não consigo suportar quando não tenho o que quero imediatamente" – e adote e fortaleça sua alternativa flexível e não extrema – "prefiro conseguir o que quero quando quero, mas não preciso ser gratificado imediatamente. Consigo suportar essa privação e vou renunciar a prazeres imediatos quando houver benefícios de longo prazo para mim. Estou disposto a fazer isso e comprometido a colocar essa atitude em prática".

Em segundo lugar, aja, aja e aja novamente de maneira consistente com essa atitude flexível/não extrema. Quanto mais agir assim, mais internalizará essa atitude de renúncia aos prazeres imediatos. Isso vai ajudá-lo a desenvolver o que chamamos de "filosofia do hedonismo de longo prazo". Isso significa que você encontrará um equilíbrio entre se envolver em prazeres de curto prazo, renunciar a tais prazeres e trabalhar em direção a seus objetivos de longo prazo. É difícil adotar essa posição flexível e, para isso, você terá de se tornar mais proficiente em abrir mão de seus prazeres imediatos.

A demanda por conquistas instantâneas e soluções rápidas

Outra forma de intolerância ao desconforto é conhecida como a demanda por conquistas instantâneas e soluções rápidas. Quando você acredita que deve ser capaz de fazer o mais rápido possível aquilo que é do seu melhor interesse, é provável que adie o início de uma tarefa quando perceber, de antemão, que ela é razoavelmente complexa e que provavelmente você não será capaz de executá-la com rapidez. Além disso, mantendo essa atitude rígida, você pode começar a enfrentar algum problema que acha que será resolvido depressa e desistir assim que se tornar evidente que não será capaz de resolver o problema com a rapidez esperada.

Como antes, a melhor maneira de lidar com a procrastinação sustentada pela demanda por realizações instantâneas e soluções rápidas é começar examinando a atitude rígida de que precisa realizar tarefas e resolver problemas rapidamente. Isso seria bom, eu concordo, mas por que é necessário? A resposta é que não é. Se houvesse uma lei universal decretando que você deve resolver problemas e alcançar seus objetivos rapidamente, você o faria. Afinal, teria de agir de acordo com tal lei. Obviamente, não existe tal lei, exceto, é claro, na sua cabeça, e enquanto ela continuar viva seu problema crônico de procrastinação persistirá. Então, se quiser superar esse problema, desenvolva uma atitude flexível/não extrema: "Sim, eu gostaria muito de resolver problemas depressa e alcançar meus objetivos instantaneamente, mas com certeza isso não é imprescindível. É frustrante quando tarefas e problemas demoram mais do que eu gostaria, mas isso, infelizmente, é a vida. Difícil! Eu não gosto, mas definitivamente consigo suportar! Estou disposto a suportar e comprometido com isso".

Se tomar essa atitude e resolver agir de acordo com ela regularmente, será capaz de suportar tarefas e resolver problemas que não rendem resultados instantâneos e soluções rápidas, respectivamente, e, de quebra, começará a superar sua procrastinação crônica.

Esperando atividades que não demandem esforço

O tipo anterior de procrastinação por medo do desconforto envolvia a exigência de resultados rápidos para seus esforços. Contudo, quando você adia a execução de uma tarefa até poder fazê-la sem esforço, na verdade espera ser capaz de fazer as coisas com facilidade. Embora essas duas demandas muitas vezes andem juntas (por exemplo, "tenho que trabalhar com rapidez e facilidade") – e, quando andam, costumam levar às formas mais resistentes de procrastinação –, elas são, em essência, diferentes. Por exemplo, se você exige fazer tarefas sem muito esforço, pode até estar preparado para se envolver em atividades de longo prazo, desde que não precise gastar muita energia no processo. Agora, se for alérgico a fazer esforços, você precisa examinar e mudar a atitude de que tem de fazer tudo com facilidade e que é terrível e intolerável ter que se empenhar. É realmente importante que você mude essa atitude, porque pouquíssimas coisas na vida podem ser alcançadas sem esforço. Portanto, acostume-se a colocar um pouco de energia nas tarefas que assim o exigem e que são do seu interesse executar. Gastar um pouco de energia certamente não irá matá-lo. Se assim fosse, a raça humana não teria sobrevivido até hoje. Muitas pessoas se empenham e são recompensadas por fazer o que precisa ser feito. Por que com você seria diferente? A verdade, nua e crua, é que *você não é diferente*! Aceitar e agir de acordo com essa triste realidade vai ajudá-lo a superar sua procrastinação. Rebelar-se contra esse fato e tentar persuadir outras pessoas a executar o trabalho por você pode ajudá-lo a curto prazo, mas manterá sua procrastinação crônica a longo prazo.

Ação dominada pelo estado de espírito

O tipo final de procrastinação por medo do desconforto que discutirei aqui está relacionado ao que aqueles que sofrem com isso definem como "estar a fim". Se sua procrastinação é dominada pelo humor, você afirma que não consegue iniciar uma atividade que seja do seu melhor interesse, a menos que esteja a fim (ou no estado de espírito certo). Deparei-me várias vezes com esse fenômeno quando aconselhei estudantes da Universidade de Aston, em Birmingham, de meados da década de 1970 até meados da década de 1980. Cerca de um mês antes do início das provas, hordas de estudantes vinham receber aconselhamento, reclamando da procrastinação em relação a começar os estudos para os exames finais. Eis aqui um diálogo típico com um aluno que sofre de procrastinação motivada pelo estado de espírito:

> WINDY: Ok, por que você acha que está adiando a revisão para seus exames se, como você mesmo admitiu, é do seu melhor interesse estudar?
> ALUNO: Porque eu não estou a fim de estudar.
> WINDY: Quando você "está a fim" de estudar?
> ALUNO: Esse é o problema... Nunca estou a fim de estudar.
> WINDY: E você "está a fim" de conseguir seu diploma?
> ALUNO: Ah, sim. Definitivamente quero meu diploma.
> WINDY: Então, me parece que você tem uma escolha. Ou você tenta persuadir a universidade a te dar um diploma, embora, é claro, eles possam não "estar a fim" de fazer isso, a menos que você passe nos exames, ou você faz o que não "está a fim" de fazer para conseguir o que "está a fim" de receber.
> ALUNO: Isso não é bem uma escolha, né? A Universidade de Aston não vai me dar o diploma se eu for reprovado nos exames, né?
> WINDY: Bem, você pode tentar perguntar a eles, mas tem razão: acho que eles não vão fazer isso.

ALUNO: Então, só me resta a outra opção. Mas como eu fico a fim de estudar a matéria?
WINDY: Esse é que é o problema. Você está esperando entrar em um estado de espírito antes de fazer algo que não "está a fim" de fazer. A única saída para o seu dilema é começar a estudar mesmo que não esteja a fim. Então, depois de algum tempo, terá mais chances de alcançar o estado de espírito certo do que se esperar ser tomado por esse estado antes mesmo de começar.
ALUNO: Mas eu não tenho que estar a fim de estudar antes de estudar?
WINDY: Claro que não. Esse é o seu grande problema. Você acredita que precisa estar no clima certo antes de começar a estudar. Se isso fosse verdade, ninguém estudaria. Agora, é claro que seria bom estar a fim de começar a estudar, mas isso significa que você tem que estar assim necessariamente?
ALUNO: Acho que não.
WINDY: Acertou. Agora, se colocar essa nova atitude em prática, o que aconteceria?
ALUNO: Eu estudaria mesmo que não estivesse no clima.
WINDY: E se tomasse essa atitude repetidamente, algumas vezes entraria no clima e algumas vezes não, mas estudaria de qualquer forma.
ALUNO: Então, é só isso?
WINDY: Se essa é a única razão pela qual você procrastina, sim. Apesar disso, você vai descobrir que é mais fácil falar do que fazer. Mas [dito com ironia] você não veio aqui esperando uma solução fácil, veio?
ALUNO: Bem... Sim, mas já percebi que não vai ser assim.

WINDY: Mas espero ter dissipado sua ideia de que precisa estar a fim de estudar antes de começar.
ALUNO: Isso o senhor fez mesmo.
WINDY: Então, comece a praticar e, quem sabe, a universidade "fique a fim" de te dar aquele diploma... Desde que você passe na droga dos exames finais deles, é claro.

Esse diálogo demonstra vários pontos ao se considerar e lidar com a procrastinação relacionada ao estado de espírito. Primeiro, é importante reconhecer que você não precisa estar a fim de enfrentar uma tarefa que é do seu interesse. Segundo, se for esperar entrar no clima antes de fazer alguma coisa, pode ser que espere muito tempo até que esse clima chegue. Terceiro, se agir de acordo com a ideia de que precisa estar no clima ou no estado de espírito certo antes de fazer algo, você acaba fortalecendo sua convicção a respeito dessa atitude. Quarto, a melhor maneira de superar a procrastinação motivada pelo estado de espírito é reconhecer plenamente as vantagens, mas não a *necessidade*, de estar disposto antes de iniciar uma tarefa que seja do seu interesse e agir de forma repetida e consistente com essa atitude flexível/não extrema; isto é, a atitude de executar tarefas que são do seu interesse mesmo quando não tem vontade de fazê-lo. Por fim, perceba que, se seguir o princípio mencionado, pelo menos algumas vezes entrará no estado de espírito certo após iniciar a tarefa em questão.

Dediquei tanto espaço à procrastinação por desconforto porque ela é muito comum. Ela pode ser a principal razão pela qual você adia tarefas ou pode acompanhar uma ou mais das outras razões para o seu problema de procrastinação. Seja qual for o caso, desenvolver uma atitude de tolerância ao desconforto é uma característica central para superar a procrastinação crônica, não apenas no curto, mas também no longo prazo.

11

LIDANDO COM A PROCRASTINAÇÃO POR PREOCUPAÇÃO

Quem experimenta procrastinação por preocupação tende a exibir alguns dos seguintes comportamentos (ou todos eles):

1. Mantém uma atitude horrorizante extrema em relação ao que pode dar errado se tentar executar a tarefa em questão.
2. Tende a superestimar o que pode dar errado se tentar a tarefa e subestimar o que pode dar certo.
3. Sustenta que precisa estar confiante antes de tentar a tarefa.
4. Tende a ter pouca confiança na própria capacidade de realizar a tarefa.
5. Não tem certeza sobre a melhor forma de executar a tarefa em questão e sustenta que precisa ter essa certeza. Consequentemente, tende a sofrer de indecisão.
6. Tende a confiar demais nas opiniões de outras pessoas sobre o que fazer e a melhor forma de fazê-lo. Pede a opinião de várias pessoas sobre o assunto e fica confuso quando pessoas diferentes lhe dão opiniões diferentes. Não tenta fazer a tarefa porque acredita que precisa saber com certeza qual é a tarefa certa a ser executada primeiro e a melhor forma de fazê-lo. Assim, pensa que há uma maneira certa de executar a tarefa em questão e uma ordem certa para executar várias tarefas, e sustenta que precisa descobrir essas respostas corretas antes de começar qualquer coisa.
7. Tende a resistir à mudança e recorrer ao que é familiar, mesmo que isso signifique procrastinar.

Se você lida com a procrastinação por preocupação, sugiro as seguintes atitudes:

- Continue examinando suas atitudes horrorizantes e mostre a si mesmo que, embora seja ruim se as coisas derem errado, não será o fim do mundo. Desenvolver uma atitude não horrorizante talvez seja o ingrediente mais importante para superar a procrastinação crônica por preocupação. Depois de progredir nesse ponto, você estará em melhor posição para enxergar que pode aprender com o que der errado.

- Além disso, desenvolver uma atitude não horrorizante em relação ao que pode dar errado na realização da tarefa em questão vai ajudá-lo a ver que, na realidade, existe um equilíbrio entre o que pode dar errado e o que pode dar certo.
- Examine a atitude rígida de que precisa ter confiança antes de tentar a tarefa em questão. Isso o ajudará a ver mais claramente que talvez a melhor maneira de desenvolver confiança nas tarefas seja fazê-las mesmo sem confiança no início e aprender com seus erros no processo.
- Perceba que não precisa ter confiança antes de tentar, e agir de maneira consistente com essa atitude flexível aumentará seu nível de confiança na sua capacidade de realizar a tarefa.
- Examine sua atitude rígida de que precisa ter certeza sobre a melhor forma de realizar uma tarefa antes de realizá-la. Acostume-se a correr riscos sensatos e suporte o desconforto que acompanha esses riscos. Agir de acordo com essa atitude saudável e flexível/não extrema vai ajudá-lo a dissipar indecisões.
- Pare de pedir a opinião de outras pessoas sobre o que fazer e a melhor forma de fazê-lo. Acostume-se a agir de forma independente, mesmo que se sinta estranho e desconfortável. Perceba que existem várias maneiras de lidar com uma determinada tarefa e uma variedade de ordens segundo as quais você pode lidar com várias tarefas. Mesmo que haja um caminho melhor e uma ordem melhor, reconheça que, embora seja bom encontrá-los

antes de agir, não é imprescindível. Acostume-se a se encorajar e se apoiar e diminua sua dependência de obter encorajamento e apoio dos outros.

- Reconheça que, embora você prefira a familiaridade e não goste de mudanças, nem sempre precisa ter a primeira e evitar a segunda. Mais uma vez, pratique suportar o desconforto que a mudança inevitavelmente traz, à medida que supera sua procrastinação crônica.
- Procure pessoas que sejam autossuficientes e que ajam com um nível adequado de preocupação, mas sem preocupação desnecessária, e aprenda com elas.

12

LIDANDO COM A PROCRASTINAÇÃO POR AMEAÇA DE AUTONOMIA

Quem sofre de procrastinação por ameaça de autonomia adia tarefas que são do seu melhor interesse porque outras pessoas exigem ou querem que elas sejam feitas, embora o indivíduo enxergue tais pedidos ou demandas como invasões de sua autonomia – um valor que considera muito importante. Se você sofre desse tipo de procrastinação, exibe alguns (ou todos) dos seguintes comportamentos:

1. Mantém a atitude rígida de que, como valoriza a autonomia, deve tê-la em sua vida, ou seja, a liberdade de determinar sua própria direção livre de exigências alheias. Se os outros exigem que você faça algo, tende a desafiá-los, mesmo que isso não seja do seu melhor interesse. Dessa perspectiva, a procrastinação pode ser vista como um ato de desafio cujo objetivo é restaurar um senso de equilíbrio (ver Capítulo 3). Nesse caso, restaura seu senso de autonomia.
2. Tende a se apegar à atitude de que é uma pessoa fraca e covarde se fizer o que os outros querem ou exigem de você – mesmo que queira fazer a tarefa em questão e/ou seja do seu próprio interesse fazê-la. Você tende a basear seu valor em sua autonomia.
3. Você é altamente sensível a intromissões em sua liberdade ou autonomia e tende a ver até mesmo os pedidos mais brandos como um fardo a ser resistido. Também costuma achar que os outros estão pegando no seu pé, mesmo na ausência de evidências a esse respeito.
4. Assume uma postura hostil em relação a outras pessoas que querem ou exigem que você realize tarefas, mesmo quando é do seu interesse fazê-las. Você acredita que os outros devem deixá-lo em paz para fazer o que quiser fazer, da maneira que quiser fazer e quando quiser fazer. Logo, vê o adiamento de uma tarefa como uma forma de se vingar dessas pessoas, de modo que frustrar os

outros se torna mais importante do que fazer o que é do seu interesse. Assim, você é visto como alguém que prejudica a si mesmo só para não dar o braço a torcer.

5. Você detesta regras com as quais discorda e acha que elas definitivamente não deveriam se aplicar a você.
6. Você detesta autoridade e encontra maneiras de resistir a ela. Se tem medo de desafiar a autoridade abertamente, encontra meios discretos de fazê-lo e pode-se dizer que age de forma passivo-agressiva.
7. Você prefere trabalhar por conta própria e odeia trabalhar em equipe. Se tem que trabalhar em equipe, enxerga qualquer concessão como uma fraqueza que deve ser resistida.

Recomendo as seguintes maneiras de superar a procrastinação por ameaça de autonomia:

- Examine assiduamente a atitude rígida de que deve ter autonomia a qualquer custo. Perceba que a autonomia é importante, mas não é o princípio e o fim de toda a sua vida. Este é, talvez, o ingrediente central para superar a procrastinação por ameaça de autonomia.
- Perceba que, se busca autonomia procrastinando tarefas que os outros querem ou exigem que você faça, mas essas tarefas são, de fato, do seu melhor interesse, você está se permitindo ser controlado por eles e não é verdadeiramente autônomo. Se tivesse verdadeira autonomia, seria capaz de fazer algo porque identifica que é do seu interesse, mesmo que os outros queiram ou até ordenem que você o faça. Adotar essa posição vai ajudá-lo a se concentrar mais no que é do seu interesse e menos no que os outros querem ou exigem de você.
- Desista da ideia de que é uma pessoa fraca e covarde se fizer o que os outros querem ou exigem que você faça. Mesmo que atender a pedidos alheios seja uma fraqueza (o que geralmente não é, sobretudo quando a tarefa em

questão é do seu interesse), isso significa apenas que você é um ser humano falível que tem pontos fortes e fracos. Se realmente fosse uma pessoa fraca, só poderia agir na vida com fraqueza, o que dificilmente será verdade. Desenvolver uma atitude não extrema de autoaceitação incondicional vai ajudá-lo a parar de medir forças e tentar provar autonomia ao desafiar os outros. Para obter mais informações sobre como desenvolver a autoaceitação incondicional, recomendo que consulte meu livro *How to Accept Yourself* (Sheldon Press, 1999, inédito no Brasil).

- Quando começar a desenvolver uma atitude flexível em relação à autonomia e a se aceitar incondicionalmente como uma pessoa com pontos fortes e fracos (que não precisa continuar provando a si mesma o quanto é forte e autônoma), você se tornará muito menos sensível a invasões na sua liberdade ou autonomia. Ademais, começará a distinguir entre pedidos e demandas justos e injustos de outras pessoas e passará a ver todos ao seu redor de maneira mais objetiva, reconhecendo que, embora algumas pessoas possam ser injustas, é mais frequente que os outros queiram que você execute tarefas por razões perfeitamente legítimas.
- Identifique e reavalie a atitude rígida de que os outros devem deixá-lo em paz para fazer o que você quiser, da maneira que quiser e quando quiser. Eles não são pessoas más por exigirem que você faça tarefas que talvez você não queira. Em vez disso, são seres humanos falíveis que podem estar agindo injustamente com você, mas que, na maioria das vezes, têm boas razões para desejar que você faça as coisas de uma certa maneira. Essa atitude de aceitação incondicional do próximo o ajudará a deixar de adiar uma tarefa para se vingar dos outros, pois você não sentirá mais a necessidade de desafiá-los. Seu foco estará mais em fazer o que é do seu interesse do que em frustrar as pessoas.

- À medida que desenvolve essas atitudes flexíveis e não extremas, você ainda pode não gostar de regras com as quais discorda, mas é muito menos provável que pense que elas absolutamente não deveriam se aplicar a você. Essas atitudes também vão ajudá-lo a se afirmar adequadamente quando se deparar com regras injustas e tenderão a diminuir de maneira acentuada seu desejo de agir de forma passivo-agressiva.
- Além disso, ao adotar as atitudes flexíveis e não extremas mencionadas acima, você ainda pode não apreciar a autoridade, mas apenas quando perceber que ela está sendo mal-empregada. Nesses casos, você se afirmará quando for do seu interesse fazê-lo. No entanto, também começará a ver que a autoridade pode ser usada com sabedoria e humanidade, e que tais formas de autoridade devem ser apoiadas, e não combatidas indiscriminadamente.

Desenvolver tais atitudes pode não mudar sua preferência por trabalhar por conta própria e você ainda pode não gostar de atuar em equipe, mas, se tiver que fazê-lo, aprenderá que concessões e acordos são, na maioria das vezes, uma força, e não uma fraqueza, que podem gerar um desempenho eficaz da equipe. A procrastinação, por outro lado, não ajudará nem você nem a equipe em que está trabalhando.

13

LIDANDO COM A PROCRASTINAÇÃO MOTIVADA POR CRISE

Quando falamos em procrastinação motivada por crise, referimo-nos a uma situação em que você deixa para fazer só no último minuto algo que é do seu interesse. No Capítulo 3, referi-me a essa situação como "procrastinação como prelúdio". Embora, até certo ponto, a maioria das formas de procrastinação seja motivada por crises, a procrastinação cuja natureza é definida por sua essência baseada em crises apresenta as seguintes características básicas:

1. Quando se depara com algo que é do seu melhor interesse, mas que considera desagradável, você passa de longos períodos de inatividade para atividades intensas realizadas no último minuto. É como se você tivesse apenas duas alternativas: totalmente parado ou em velocidade máxima.
2. Você se entedia facilmente e tem horror a fazer tarefas de forma metódica e persistente. Assim, tende a ter uma atitude de intolerância ao desconforto.
3. É propenso a ficar animado por viver no limite.
4. Você tende a pensar que estar sob estresse ou ansioso funciona como uma motivação produtiva.
5. Costuma usar a desculpa que acompanha a procrastinação motivada por crises: "Eu teria feito melhor se não tivesse feito às pressas no último minuto".
6. Dramatiza situações com frequência.
7. Sua procrastinação motivada por crise tende a ser reforçada pelo fato de que muitas vezes você consegue fazer as tarefas no último minuto. Assim, você é ambivalente quanto a mudar esse padrão de comportamento.

Para superar a procrastinação motivada por crise, você precisa tomar as seguintes medidas:

- Faça uma análise do custo-benefício de executar tarefas de última hora *versus* começar a executá-las mais cedo. Perceba claramente que, embora possa pensar que fazer as coisas de última hora sempre valeu a pena, na realidade é mais provável que você se saia melhor se dedicar mais tempo para a execução das tarefas.

- Desenvolva uma gama de velocidades com as quais você realiza tarefas em vez das duas que emprega habitualmente (ou seja, parado e velocidade máxima). Acostume-se a trabalhar de forma constante. Você pode não gostar dessa velocidade constante, mas é uma velocidade adicional ao seu medidor e muito útil para tarefas que não podem ser feitas de última hora.
- Examine e mude sua atitude extrema de que não consegue suportar o tédio de trabalhar de forma metódica e persistente em alguma tarefa. Empenhe-se para desenvolver a capacidade de suportar o desconforto nessa questão e decida começar os trabalhos muito mais cedo do que está acostumado a fazer. Essa atitude não parecerá natural para você – tal sensação só virá muito mais tarde —, mas valerá a pena a longo prazo.
- Procure excitação e "entusiasmo" em áreas da vida em que esses estados são saudáveis e não insalubres.
- Aceite o fato de que você costuma pensar que estar sob estresse ou ansiedade são motivadores produtivos porque se treinou para avançar apenas quando experimenta tais estados. Acostume-se a agir quando não "está a fim" e perceba que algumas vezes você ficará motivado ao trabalhar dessa maneira. Reconheça que estar sob pressão o faz avançar, mas não necessariamente de forma eficaz. Uma galinha sem cabeça anda, mas não é tão produtiva em sua atividade! Identifique e tome ações com base em outras motivações além do estresse e da ansiedade.
- Não use a desculpa que acompanha a procrastinação motivada por crise: "Eu teria feito melhor se não tivesse agido às pressas no último minuto". Mostre a si mesmo por que isso é uma desculpa, e não uma razão válida. Em contraposição, lembre-se de que você provavelmente se

sairá melhor se começar mais cedo e, se não o fizer, isso não prova que é incompetente. Em vez disso, prova que você é um ser humano falível que não se saiu tão bem quanto gostaria nessa ocasião, mas que pode aprender com essa experiência para fazer melhor da próxima vez.

- Aguente o tédio de fazer tarefas desinteressantes, mas que são do seu melhor interesse, e procure concentrar-se em quaisquer componentes interessantes dessas tarefas.
- Perceba que você não é uma pessoa enfadonha por iniciar uma tarefa quando ainda tem bastante tempo disponível. Em vez disso, é um ser humano complexo e falível com muitas facetas diferentes, incluindo ser sensato e também um tanto dramático.
- Assuma o controle da sua tendência a dramatizar situações. Use essa tendência em situações não autodestrutivas. Além disso, procure áreas da vida nas quais você possa desenvolver sua capacidade de ser pacífico e sereno.

14

LIDANDO COM OUTRAS FORMAS DE PROCRASTINAÇÃO

Neste capítulo, abordarei cinco tipos menos conhecidos de procrastinação.

Procrastinação por identificação

O indivíduo que sofre de procrastinação por identificação adia fazer algo que lhe traga à memória alguém de quem não deseja recordar-se. Aqui, a procrastinação permite que a pessoa escape da identificação que faria se executasse a tarefa. No entanto, não é apenas o fato de se identificar que a leva a procrastinar; antes disso, é a atitude que ela mantém em relação à identificação. Vou dar um exemplo: Judy tem grande dificuldade de manter suas finanças em ordem. Toda vez que pensa em fazer esse trabalho, ela se lembra da mãe, de quem não gosta, que é boa em lidar com dinheiro. Na mente de Judy, cuidar das finanças no prazo significa que ela é como a mãe. Pois bem, Judy mantém a atitude rígida/extrema de que não deve ser como a mãe e que, se for, significa que é uma pessoa ruim (que é como ela vê a mãe). Como Judy não quer ser uma pessoa ruim aos seus próprios olhos, precisa ser diferente de sua mãe e, nesse caso, significa que deve adiar sua contabilidade pessoal. Para superar sua procrastinação por identificação, Judy precisa desistir da exigência de não ser parecida em absolutamente nada com a mãe e aceitar a si mesma caso seja. Isso permitirá que cuide de suas finanças e faça um bom trabalho com elas.

Portanto, se você sofre de procrastinação por identificação, precisa examinar a atitude rígida de que não deve compartilhar nenhuma característica com a pessoa de que não gosta e fazer a tarefa em questão. Reconheça que tanto você quanto a outra pessoa são competentes na tarefa e que você pode se aceitar por ser como essa pessoa nesse aspecto.

Procrastinação desencadeada pela memória

Na procrastinação desencadeada pela memória, você adia fazer algo que seja do seu melhor interesse porque isso desencadearia uma memória em relação à qual você mantém uma atitude horrorizante. Por exemplo, Mary sempre pedia comida quando recebia amigos em casa porque, se preparasse pessoalmente o jantar, se lembraria de seus dotes culinários sendo criticados pelo ex-marido, situação que considerava terrível. O terapeuta ajudou Mary a superar sua procrastinação culinária, encorajando-a a libertar-se do horror de ser criticada. Mary então tornou-se capaz de convidar amigos para jantar e servir algo que ela própria cozinhou.

Assim, a melhor maneira de superar a procrastinação desencadeada pela memória é examinar e mudar sua atitude horrorizante em relação à experiência lembrada antes de realizar a tarefa em questão.

Procrastinação baseada em excesso de comprometimento

Na procrastinação baseada em excesso de comprometimento, você adia algo porque tem muito trabalho a fazer. Sua procrastinação é, portanto, uma consequência lógica de se esforçar demais (veja o Capítulo 3). Seu verdadeiro problema aqui é ter assumido muito trabalho porque tem dificuldade de dizer "não". Uma das principais razões para achar difícil recusar um trabalho é que, se o fizer, sentirá uma culpa doentia. Esse tipo de culpa é baseado na atitude extrema de que é uma pessoa má por decepcionar os outros. Para superar seus sentimentos de culpa, precisa examinar essa ideia e mostrar a si mesmo que, embora seja ruim decepcionar os outros, você não é uma pessoa má por fazer isso. Pelo contrário, você é um ser humano falível que não precisa atender às expectativas alheias. Ao agir assim, é importante que desenvolva uma filosofia de autointeresse esclarecido. Isso envolve comprometer-se, primariamente, a atender seus próprios interesses e, depois, os interesses dos outros. Algumas vezes, você colocará os interesses dos outros acima dos seus, mas não o fará de forma rotineira e natural. Isso permitirá que você diga "não" e não se comprometa demais.

Você também acha difícil recusar uma tarefa que não é do seu melhor interesse porque acredita que, se o fizer, sua fonte de trabalho logo secará. Essa inferência é distorcida e baseada em sua atitude rígida de que não deve deixar escapar nenhuma oportunidade. Se examinar e mudar essa atitude, perceberá que está alimentando um pensamento de preto no branco e que, na realidade, recusar um ou mesmo vários trabalhos não significa que seu cliente nunca mais o contratará. Em vez disso, ainda terá trabalho a fazer e terá uma carga de atividades mais gerenciável. Com isso, terá tempo para fazer tudo que é necessário.

Procrastinação por narcisismo

Na procrastinação por narcisismo você adia fazer algo que é do seu interesse porque pensa que a execução da tarefa em questão não está à sua altura – e sustenta a atitude de que não deve desempenhar nada que não esteja no seu nível. Quem sofre desse tipo de procrastinação tem plena consciência de seu status e baseia sua autoestima em ocupar posições de status elevado. Se sua procrastinação é baseada no narcisismo, você precisa rever a ideia de que não deve fazer tarefas que julga não estarem à sua altura e reconhecer que essas atividades não o diminuem como pessoa. Cultive uma autoestima incondicional, que não esteja atrelada a posições de status elevado. Mostre a si mesmo que ocupar tais posições tem suas vantagens, mas não é o objetivo principal da vida, e, se for do seu melhor interesse fazer uma tarefa que considera inferior, esforce-se para fazê-la.

Procrastinação como manobra interpessoal

Quando a procrastinação é empregada como uma manobra interpessoal, você deixa de fazer algo para obter uma reação dos outros.

Na minha experiência, a reação mais comumente buscada é fazer outra pessoa executar a tarefa por você. Em outras palavras, a procrastinação aqui é uma forma de dependência. Como já discuti essa forma de procrastinação mais extensamente no início do livro (veja o Capítulo 3), vou me limitar a discutir como enfrentá-la.

Em primeiro lugar, você precisa identificar qual reação está tentando obter dos outros quando procrastina.

Em segundo lugar, precisa decidir que é do seu interesse superar essa forma de procrastinação e desistir das vantagens percebidas que desejava obter quando age dessa forma. Aqui, você pode usar o questionário de análise de custo-benefício apresentado anteriormente (veja o Capítulo 2).

Em terceiro lugar, precisa identificar as atitudes rígidas/extremas que sustentam esse comportamento. Pergunte a si mesmo: ao conseguir que alguém faça a tarefa para mim, o que estou exigindo? Ao procrastinar para conseguir que outra pessoa execute a tarefa em seu lugar, você pode estar se apegando a uma ou mais das seguintes atitudes rígidas e extremas:

- Devo ser poupado do esforço de fazer essa tarefa. Outros devem desempenhá-la por mim.
- Devo executar bem a tarefa. Como eu não acho que meu desempenho será bom, alguém deve fazê-la por mim. Outras pessoas sabem fazer as coisas melhor do que eu. Então, posso muito bem deixar que façam a tarefa por mim, porque elas têm que me ajudar.

Em quarto lugar, examine e mude suas atitudes rígidas/extremas usando os métodos descritos anteriormente no livro. Eis as alternativas flexíveis/não extremas às atitudes rígidas/extremas acima mencionadas:

- Eu gostaria de ser poupado do esforço de fazer essa tarefa, mas isso não é imprescindível. Outros não precisam fazê-la por mim. Consigo fazê-la sozinho.
- Gostaria de ter um bom desempenho na tarefa, mas isso não é essencial. Embora eu ache que não terei um bom desempenho, vou fazer mesmo assim, ver como me saio e aprender com meus erros. Não é necessário nem desejável que outra pessoa faça a tarefa por mim.
- Outras pessoas podem saber fazer as coisas melhor do que eu, mas eu mesmo farei a tarefa porque é a única maneira de aprender. Não preciso que outras pessoas tomem conta de mim.

Por fim, aja de maneira consistente com essas atitudes flexíveis e não extremas. Isso significa executar a tarefa em questão por conta própria, sem recorrer à ajuda de outrem. Somente quando estiver com dificuldade na execução da tarefa por um longo tempo, sem obter sucesso, é que você deve pedir ajuda. Mesmo assim, peça aos outros que lhe mostrem como fazer em vez de pedir que façam por você.

PARTE 3

OUTRAS TÉCNICAS

15

UMA MISCELÂNEA DE OUTROS MÉTODOS ANTIPROCRASTINAÇÃO

ATÉ AGORA, DISCUTI NESTE LIVRO O QUE CONSIDERO SER O CERNE da procrastinação – isto é, atitudes rígidas e extremas que nos levam a adiar tarefas que são de nosso interesse. Minha opinião é de que, a menos que desenvolvamos primeiro um conjunto saudável de atitudes flexíveis e não extremas antiprocrastinação, quaisquer métodos mais práticos que tentemos empregar só levarão a resultados de curta duração. É por isso que discuti a mudança de atitudes antes de considerar as muitas dicas práticas que existem para nos ajudar a superar a procrastinação crônica. Pense na mudança de suas atitudes rígidas e extremas como um alicerce sólido antes de construir uma casa. Não que eu esteja argumentando a favor de você sempre começar por mudar suas atitudes relacionadas à procrastinação antes de usar esses outros métodos. Isso seria inflexível e contrário a tudo o que ensino sobre o desenvolvimento de uma boa saúde mental. Mas defendo que, sempre que possível e viável, o início se dê pela mudança de tais atitudes. Em outras palavras, estou sugerindo que a superação da procrastinação geralmente é mais bem-sucedida quando abordamos primeiro as atitudes rígidas e extremas e, em seguida, usamos uma série de métodos práticos, mas há exceções a esse princípio. O que se segue, então, é uma "miscelânea" de métodos práticos e psicológicos para você experimentar depois (na maioria dos casos) de progredir no desenvolvimento de uma filosofia antiprocrastinação.

Não se rotule como um procrastinador

Ao se rotular como *um* procrastinador, você terá mais dificuldade de superar seu problema crônico de procrastinação do que se não rotular todo o seu eu com o seu problema. Afinal, se você é *um* procrastinador, estará mais propenso a continuar procrastinando, ao passo que, se você se considera uma pessoa com um problema de procrastinação que tem a capacidade de superar esse problema, aumentará suas chances de fazer exatamente isso.

Aceite a si mesmo como uma pessoa que tem um problema com procrastinação

Da mesma forma, é importante que você não se desvalorize por procrastinar. Na minha experiência como terapeuta, as pessoas que não se desvalorizam (e se aceitam incondicionalmente como seres humanos falíveis que têm um problema de procrastinação) são mais propensas a superar o problema do que aquelas que se rebaixam ao se considerarem, por exemplo, fracas, patéticas ou incompetentes. Ao desvalorizar-se por procrastinar, você começa a se preocupar com o quão pode estar sendo fraco, patético e incompetente, e isso pode impedi-lo de lidar efetivamente com a procrastinação de fato. Por outro lado, aceitar-se incondicionalmente por ter esse problema vai ajudá-lo a concentrar sua energia na resolução dos fatores que o levam a procrastinar.

Superando a culpa por procrastinar

As pessoas que têm um problema crônico de procrastinação são frequentemente atormentadas por sentimentos de culpa, o que interfere na superação do problema em si, além de lhes trazer um segundo problema (isto é, a culpa). Por exemplo, se, como resultado de seu problema crônico de procrastinação, você considera que decepcionou os outros ou agiu de forma antiética (por exemplo, trapaceando ou plagiando o trabalho de outra pessoa) e se sente culpado por tais atitudes, seus sentimentos de culpa o impedirão de resolver sua procrastinação com a mesma eficácia de que se experimentasse remorso, mas não culpa, por tais eventos. Como mostro em detalhes no meu livro *Coping with Guilt* (2013), o ABC da culpa e do remorso (a alternativa saudável à culpa) é o seguinte:

Tabela 15.1 O ABC da culpa e do remorso

Culpa	
"A" (Adversidade):	Fazer algo errado
	Falhar em fazer a coisa certa
	Ferir ou decepcionar os outros
"B" (Atitude básica):	Atitude rígida
	Atitude extrema de autodesvalorização
"C" (Consequência):	Culpa

Remorso	
"A" (Adversidade):	Fazer algo errado
	Falhar em fazer a coisa certa
	Ferir ou decepcionar os outros
"B" (Atitude básica):	Atitude flexível
	Autoaceitação incondicional não extrema
"C" (Consequência):	Remorso

Se for acometido por remorso – em vez de culpa –, você será capaz de ter uma atitude de aceitação com o que aconteceu em "A", fará as reparações apropriadas e prosseguirá com a superação da procrastinação. É importante notar que a melhor maneira de superar a culpa é assumir, temporariamente, que o que aconteceu, o que você fez ou deixou de fazer em "A" é verdade, e então examinar e mudar suas atitudes rígidas e extremas antes de voltar para reconsiderar a precisão de suas inferências em "A". Sugiro essa ordem porque, se você considerar a precisão de suas inferências sobre o que aconteceu em "A" antes de examinar suas atitudes rígidas/extremas em "B", seus sentimentos de culpa podem embaçar o seu julgamento e você chegará a uma conclusão tendenciosa.

Embora aqui eu tenha me concentrado na culpa, reconheço que outros problemas emocionais geralmente acompanham a procrastinação. As limitações de espaço impedem uma exploração detalhada de todos esses problemas, mas eis uma lista dos que ocorrem com mais frequência e sugestões de leitura apropriadas, todos de minha autoria e ainda inéditos no Brasil: raiva (*Overcoming Anger*, 2021); vergonha (*Overcoming Shame*, 1997); ansiedade (*Overcoming Anxiety*, 2000) e depressão (*Overcoming Depression*, em coautoria com Sarah Opie, 2003).

Lidando com "pseudotrabalho"

"Pseudotrabalho" é o nome que uso para descrever uma situação em que a pessoa se envolve em atividades que à primeira vista parecem trabalho, mas que, se olharmos com mais atenção, são na realidade táticas de atraso. Tais atividades estão relacionadas ao trabalho real em uma tarefa, mas não são realmente atividades intrínsecas à tarefa. Na maioria das vezes, são atividades que preparam o terreno para a tarefa em si (por exemplo, apontar lápis, arrumar o espaço, limpar superfícies de trabalho etc.). Executar essas atividades é uma boa ideia, mas se acabar gastando uma quantidade excessiva de tempo com elas, estará incorrendo em "pseudotrabalho".

Dedicar-se ao "pseudotrabalho" pode lhe dar a impressão de que está agindo, não procrastinando, mas, na realidade, o que ocorre é uma forma sutil de procrastinação. Como saber se as atividades preparatórias são "pseudotrabalho"? Você está se dedicando a "pseudotrabalho" se:

- A atividade toma mais tempo do que seria razoável esperar.
- Executa essa atividade repetidamente.
- Envolve-se com três ou mais dessas atividades em qualquer ocasião.

É necessário ser honesto consigo mesmo para identificar "pseudotrabalho" como uma manobra de procrastinação (e isso inclui ler livros sobre como superar a procrastinação!). No entanto, após fazer isso, você pode usar os métodos que já abordei neste livro para lidar com sua procrastinação.

Lidando com distrações

Pessoas que têm um problema crônico de procrastinação muitas vezes queixam-se de se distraírem com o ambiente que as rodeia, mas quero distinguir aqui entre dois tipos de distração: aquelas que você pode controlar e aqueles que não pode. As pessoas que procrastinam geralmente superestimam o número de distrações alheias ao seu controle e subestimam o número de distrações que podem controlar. Por exemplo, você reclama de ser interrompido pelo celular? Então, desligue-o. As pessoas batem na sua porta e interrompem sua concentração? Use um aviso de "Não perturbe". Os vizinhos tocam música alta? Peça-lhes educadamente que abaixem o som, use protetores auriculares ou vá a uma biblioteca.

Todas as distrações que mencionei foram apresentadas por meus clientes como situações alheias ao seu controle; mas, na realidade, eles podiam controlá-las. Se as distrações estiverem fora de seu controle e você não puder mudar seu ambiente de trabalho, treine-se primeiro para se acalmar em relação a elas e então procure trabalhar da melhor maneira possível. Na maioria das vezes, você conseguirá trabalhar um pouco na presença de tais distrações, o que é melhor do que não trabalhar nada.

Lidando com o gafanhotismo

Por gafanhotismo, quero dizer não conseguir fazer nada substancial porque você pula de atividade em atividade. Se sofre de gafanhotismo, é muito provável que tenha uma atitude insuportável em relação ao tédio e pule de tarefa em tarefa para não se sentir enfastiado.

A única maneira real de lidar com o gafanhotismo é desenvolver uma atitude de tolerância em relação ao tédio e mostrar a si mesmo, tanto em pensamento quanto em ação, que, embora o tédio seja desagradável, é uma experiência suportável e que vale a pena passar por ela porque você deseja terminar a tarefa. Se desenvolver uma atitude de tolerância em relação ao tédio e prosseguir com a tarefa mesmo se sentindo entediado, você descobrirá que tende a superestimar o nível de tédio verdadeiro que a tarefa provoca, em especial quando persiste e não a coloca de lado. Ao mostrar a si mesmo que consegue suportar o tédio, está disposto a suportá-lo e se compromete a suportá-lo, procure maneiras de tornar as tarefas mundanas mais interessantes. A maioria das pessoas, no entanto, inverte essa ordem; se você fizer isso, não estará lidando com o cerne do gafanhotismo, que é a incapacidade percebida de suportar o tédio.

Lidando com excessos comportamentais

Às vezes, pessoas com um problema crônico de procrastinação desenvolvem vários excessos comportamentais (por exemplo, beber e comer demais) para esquecer do seu problema. Quando isso ocorre, o indivíduo logo desenvolve um segundo problema mais sério do que o problema original da procrastinação. Se você acha que está começando a se envolver em um comportamento escapista valendo-se de excessos, é importante abordar a principal razão para esse problema, que se reflete em uma atitude rígida/extrema em relação ao problema da procrastinação. O procedimento para se fazer isso é o seguinte. Primeiramente, identifique como você se sente, sinceramente, por ter um problema de procrastinação. Em segundo lugar, identifique o que mais o incomoda em relação a esse problema. Depois, identifique as atitudes rígidas e extremas que nutre em relação a esse fator. Por fim, examine e mude essas atitudes rígidas e extremas e substitua-as por atitudes flexíveis e não extremas. Você alcançará, assim, um estado mais adequado para enfrentar, antes de qualquer coisa, as razões pelas quais procrastina.

Se, no entanto, seu excesso comportamental estiver fora de controle, consulte seu médico e peça um encaminhamento adequado para lidar com esse problema crescente.

Lidando com desculpas ou racionalizações

Pessoas que têm um problema crônico de procrastinação são especialistas em apresentar mil e uma "boas razões" para não terem feito o que era de seu melhor interesse fazer. O problema é que, na grande maioria dos casos, essas "boas razões" não são nem um pouco boas. São desculpas ou racionalizações. Albert Ellis e William Knaus identificaram algumas das mais comuns, juntamente com contrapontos sugeridos:

- "Preciso me sentir sob pressão antes de começar uma tarefa."
    - *Contraponto*: "Eu me treinei para operar de acordo com esse princípio, mas não preciso de pressão para fazer a tarefa."
- "Vou esperar até saber que consigo fazer o trabalho corretamente."
    - *Contraponto*: "Não preciso saber disso antes de começar e não preciso fazê-lo corretamente."
- "Não será o fim do mundo se eu não fizer."
    - *Contraponto*: "Verdade, mas não é motivo para não começar."
- "Eu realmente não quero fazer."
    - *Contraponto*: "Verdade, mas a questão não é o que eu quero fazer, mas o que eu quero que seja alcançado. Se for do meu melhor interesse fazer a tarefa, posso executá-la mesmo que não queira."
- "Vou esperar até estar a fim de trabalhar."

    - *Contraponto*: "Posso ter de esperar muito tempo até ficar a fim. Posso começar a tarefa mesmo sem vontade."
- "Se eu fizer a tarefa, posso acabar perdendo eventos que nunca terei a chance de experimentar."
    - *Contraponto*: "Provavelmente terei a chance de fazer essas coisas mais tarde, mas, mesmo que não tenha, não há lei que diga que não devo perder nenhum evento."
- "As circunstâncias me impediram de fazer."
    - Contraponto: "Improvável. Eu que me impedi de fazer e não preciso continuar agindo assim."
- "Ninguém se importa se eu fizer ou não."
    - Contraponto: "Mesmo que ninguém se importe, eu me importo, pois fazer a tarefa produzirá um benefício para mim."

A melhor maneira de lidar com racionalizações e desculpas é identificá-las, combatê-las (como nos exemplos acima) e então agir contra elas realizando a tarefa em questão.

Lidando com inferências distorcidas

Se você sofre de um problema crônico de procrastinação, é provável que, além de ter atitudes rígidas e extremas, outros aspectos de seu pensamento também sejam distorcidos. Na terapia racional-emotiva comportamental (TREC) distinguimos entre dois tipos diferentes de pensamento: atitudes e inferências. As inferências são palpites sobre a realidade, que podem ser precisos ou imprecisos, enquanto as atitudes são avaliações que a pessoa tem em relação às suas inferências. Um exemplo para deixar claro: vamos supor que você esteja procrastinando em uma tarefa que é do seu melhor interesse. Eu pergunto por que está adiando essa tarefa e você responde:

"Porque meu desempenho provavelmente não será muito bom e será terrível se não for".

Usando o método "ABC" temos:

"A" = Inferência: Prever que não farei a tarefa muito bem

"B" = Atitude básica (neste caso, rígida e extrema): "Meu desempenho deve ser muito bom e será terrível se não for"

"C" = Procrastinação

Neste exemplo, em "A", você fez uma inferência de que não executará a tarefa muito bem e, em "B", avaliou essa inferência no sentido de que deve fazê-la com excelência, mas acredita que será terrível se não o fizer. Pois bem: a linha que adotei neste livro postula que são as atitudes que determinam se você procrastina ou não, e não as inferências. Logo, se você acredita que seria ruim, mas não terrível, não fazer a tarefa com excelência, provavelmente estaria mais propenso a iniciá-la porque essa atitude não horrorizante o ajudaria a enxergar com mais clareza que é do seu melhor interesse executar a tarefa. É por isso que sugeri ao longo do livro que mudar as atitudes rígidas/extremas para atitudes flexíveis/não extremas é uma prioridade se você deseja superar seu problema crônico de procrastinação. No entanto, também pode ser verdade que sua inferência esteja distorcida. Nesse caso, pode ser que haja uma chance muito boa de você fazer a tarefa muito bem, ainda que você infira que não. Pensar com clareza aqui também vai ajudá-lo a parar de adiar a tarefa em questão. É por essa razão que, após examinar e mudar suas atitudes rígidas/extremas, é uma boa ideia inspecionar suas inferências para garantir que não estejam distorcidas.

Como lidar com inferências distorcidas? Sugiro os seguintes passos, que devem ser feitos por escrito:

1. Examine sua inferência para determinar se está distorcida. Sua inferência é um exemplo de pensamento em preto e branco ou você está fazendo previsões negativas irreais? Você está superestimando a dificuldade

da tarefa e subestimando sua capacidade de realizá-la? Se sim, sua inferência está distorcida, então anote no seu papel. Com imparcialidade, pergunte a si mesmo que evidências existem para sustentar sua inferência e quais evidências existem para contradizê-la. Anote as respostas no mesmo papel.

2. Pergunte a si mesmo: "Que formas alternativas de ver a mesma situação existem?". Avente todas as possibilidades em que conseguir pensar.
3. Procure evidências a favor e contrárias a essas alternativas.
4. Com imparcialidade, escolha a alternativa que lhe parecer mais plausível.

Embora eu recomende que você examine suas inferências depois de mudar suas atitudes rígidas/extremas, pode haver ocasiões em que você ache mais proveitoso reverter essa ordem. A TREC é uma abordagem flexível de orientação psicológica e sanciona desvios da sua prática de preferência, desde que tal desvio seja justificado por boas razões.

Desenvolva habilidades de resolução de problemas

A procrastinação crônica de algumas pessoas é exacerbada por sua falta de destreza na resolução de problemas. Quando precisam resolver uma tarefa, adiam-na novamente porque não sabem como usar as habilidades de resolução de problemas para ajudá-las na realização da tarefa. Conforme explico no meu livro *Ten Steps to Positive Living* (2020), existem nove estágios na sequência de resolução de problemas. São eles:

1. Identificar o problema a ser abordado, da forma mais clara e inequívoca possível.

2. Estabelecer metas realistas, alcançáveis e específicas. Elas podem ser divididas em objetivos de curto e de longo prazo.
3. Relacionar todas as formas possíveis de resolver o problema.
4. Identificar os prós e contras de cada alternativa.
5. Escolher a melhor alternativa da lista.
6. Planejar como implementar essa alternativa, decidindo as etapas que serão seguidas. Elaborar um plano passo a passo por escrito neste momento é particularmente útil.
7. Assumir o compromisso de implementar a solução escolhida, especificando quando, onde e como se fará isso.
8. Depois de implementar a solução escolhida, sente-se e analise o progresso que fez em relação à sua meta. Neste ponto, decida quais etapas adicionais serão necessárias para você atingir seu objetivo.
9. Após avaliação do resultado da solução escolhida, decidir se outros cursos de ação são necessários.

Enfatizo que o melhor momento para usar essas habilidades é depois de examinar e mudar as atitudes rígidas e extremas que sustentam seu problema de procrastinação; mas, assim como no caso de corrigir suas inferências distorcidas, às vezes você o fará antes de trabalhar na mudança de atitude.

Desenvolva um cronograma de trabalho que seja viável para você

Certa vez, encontrei um colega, também escritor, e discutimos nossos respectivos cronogramas de trabalho. Ambos somos autores prolíficos, mas temos cronogramas de trabalho notavelmente diferentes. Ele trabalha por longos períodos de tempo em seu escritório, principalmente de manhã, e raramente além das 14h, enquanto eu trabalho em períodos curtos e intensos no meu laptop ou desktop, definindo, e quase sempre superando, metas diárias de 500 palavras.

Nós dois escolhemos um cronograma de trabalho que nos convém. Eu teria dificuldade de trabalhar produtivamente se seguisse o esquema de trabalho dele e, da mesma forma, ele teria dificuldade de trabalhar efetivamente caso seguisse a minha rotina. Então, conforme progredir no desenvolvimento de uma filosofia antiprocrastinação (compreendendo atitudes flexíveis e não extremas relevantes em relação às adversidades que enfrenta regularmente), escolha um esquema de trabalho que seja viável para você – não para outras pessoas, mas para você. Isso vai ajudá-lo a superar seu problema crônico de procrastinação.

Modifique seu ambiente físico

Algumas pessoas que enfrentam um problema crônico de procrastinação tentam trabalhar em ambientes que concorrem para desestimulá-las a agir. Uma de minhas clientes preferia trabalhar em um ambiente limpo e arrumado, mas não limpava nem arrumava seu escritório havia dois anos. Após progredir no desenvolvimento de uma estratégia antiprocrastinação, ela ainda tendia a adiar o trabalho por causa do estado de seu escritório. Depois de passar três dias limpando e arrumando o cômodo, seu ambiente de trabalho a ajudou a superar seu problema de procrastinação.

Mais uma vez, gostaria de enfatizar que um ambiente de trabalho adequado para uma determinada pessoa pode muito bem ser contraproducente para outra. Portanto, escolha trabalhar em um ambiente que seja bom para você. Apenas isso, naturalmente, não resolverá seu problema de procrastinação, mas sem dúvida vai ajudá-lo nesse caminho.

Afirme-se com sabotadores

Se você enfrenta um problema crônico de procrastinação que realmente deseja superar, sugiro que explique às pessoas o que está tentando fazer e peça o seu apoio. Geralmente, elas ficarão felizes em ajudar, mas às vezes uma ou duas podem conscientemente (ou, com mais frequência, inconscientemente) tentar sabotar seus esforços. Nesses casos, é importante que você se afirme com essas pessoas e tome duas atitudes: primeira, não concorde em adiar sua tarefa caso elas sugiram que você faça isso e, segunda, peça-lhes com firmeza que não o incomodem. Se isso não funcionar, talvez você precise interromper o contato com essas pessoas até que tenha concluído a tarefa em questão.

Henry, por exemplo, era um entusiasta do "faça você mesmo" que tinha uma longa história de procrastinação. Um dia, ele tomou a decisão de superar esse problema, pois podia ver que todos os trabalhos inacabados pela casa estavam começando a prejudicar seu casamento. Henry fez um bom progresso na resolução de seu problema e pediu que seus amigos não entrassem em contato com ele por duas semanas, pois estava tentando recuperar meses de trabalho. Todos, exceto dois de seus amigos, acataram o pedido. Ambos continuaram tentando convencer Henry a sair com eles. Henry então pediu com firmeza que parassem de fazer isso. Um concordou; o outro, no entanto, continuou ignorando os pedidos expressos de Henry. Ele, enfim, disse a esse amigo que não queria vê-lo até que a casa estivesse completamente arrumada. Não é de surpreender que essa pessoa também tivesse um problema de procrastinação e não suportasse a ideia de que Henry estava fazendo algo construtivo na resolução de seu problema, enquanto ela não estava.

Utilize um sistema de recompensa

Como discuti anteriormente, muitas pessoas procrastinam porque não estão preparadas para adiar a gratificação.

Elas adiam tarefas difíceis ou desagradáveis que são de seu melhor interesse e optam por atividades imediatas mais prazerosas. Se isso se aplica a você, pode ser útil recompensar-se por fazer a tarefa que adiara anteriormente. Assim, depois de ter trabalhado na tarefa por uma hora, por exemplo, recompense-se com uma xícara de chá ou café e, depois de terminar a tarefa, gratifique-se com uma ida ao cinema, por exemplo. O uso de recompensas é útil em dois sentidos. Primeiramente, ajuda a sustentar seu trabalho na tarefa em questão. Em outras palavras, as recompensas são algo por que você pode esperar. Em segundo lugar, as recompensas tendem a aumentar sua participação futura em atividades recompensadas. Assim, tornam mais provável que você faça tarefas desagradáveis do seu melhor interesse no futuro. Lembre-se, contudo, de que é importante recompensar-se somente *depois* de ter feito a atividade. Quando procrastina, você se recompensa *antes* de fazer a tarefa.

Penalize-se, se necessário

Embora recompensas possam funcionar quando usadas de maneira apropriada, algumas pessoas são mais receptivas a penalidades. Quando aplicar essa tática para incentivar-se a fazer algo que é de seu melhor interesse executar em vez de adiar, escolha uma penalidade e decida aplicá-la a si mesmo caso não cumpra a tarefa dentro de um horizonte de tempo razoável, previamente acordado consigo mesmo. Se desempenhar a tarefa, é claro que não precisa aplicar a penalidade. Elas podem ser leves (por exemplo, lavar a louça ou não assistir ao seu programa de TV favorito) ou severas (por exemplo, enviar uma doação monetária considerável para uma causa à qual você se opõe). As severas tendem a funcionar melhor para problemas de procrastinação particularmente intratáveis. E, é claro, o sistema de penalidades só funcionará se você, de fato, aplicá-las se continuar a procrastinar; portanto, use-as somente depois de entender por que está procrastinando e adotar uma filosofia antiprocrastinação. Além disso, não use penalidades que prejudiquem os outros ou a si mesmo de maneira significativa. Portanto, não diga que deixará seu emprego se continuar procrastinando. Por fim, o uso conjunto sensato de recompensas e penalidades pode ser uma estratégia particularmente poderosa de superar a procrastinação crônica.

Aloque mais tempo do que a tarefa demanda

Se você tem um problema com procrastinação, uma das racionalizações que pode usar para adiar a ação é a de que tem bastante tempo para executar a tarefa em questão. No entanto, se estiver levando a sério o processo de superar seu problema de procrastinação, é importante considerar a possibilidade de que as coisas possam dar errado. É por isso que recomendo que você aloque mais tempo para fazer uma tarefa do que realmente ela demanda. Use esse tempo com sabedoria e se acostume a fazer as coisas bem antes do prazo. Então, poderá usar esse tempo livre para se divertir.

Uma seleção de dicas práticas para superar a procrastinação

Não dediquei muito espaço neste livro a uma discussão de dicas práticas para superar a procrastinação, porque não acho que elas são de grande auxílio no longo prazo. No entanto, como essas dicas podem ser úteis *depois* que você tiver progredido no desenvolvimento e na implementação de uma filosofia antiprocrastinação, vale a pena considerá-las. A seguir relaciono, então, quinze dicas práticas e úteis para superar a procrastinação:

1. Divida a tarefa em pedaços pequenos.
2. Faça outra atividade e, quando entrar no ritmo, mude para a tarefa que estava adiando.
3. Use lembretes.
4. Planeje concentrar-se por cinco minutos na tarefa e ponha mãos à obra. Foque mais cinco minutos, possivelmente após um minuto de intervalo. Continue nessa estratégia até que tenha concluído a tarefa.
5. Execute a tarefa assim que pensar nela.
6. Reserve um período exclusivo para dedicar-se a tarefas que "está a fim" de adiar.

7. Misture-se com pessoas que não procrastinam e siga o exemplo delas.
8. Solicite a ajuda de outras pessoas (mas não para fazer a tarefa por você).
9. Aja como se você não procrastinasse.
10. Divida a tarefa em pequenas jornadas.
11. Identifique o melhor momento para a tarefa (por exemplo, quando você tem mais energia) e faça-a nesse período.
12. Faça imediatamente a parte mais desagradável ou mais difícil que tem a fazer e já tire isso do caminho.
13. Monitore seus impulsos de adiar as tarefas e aja contra eles toda vez que identificá-los.
14. Imagine-se executando a tarefa e então execute-a na prática.
15. Use a intenção paradoxal. Toda vez que sentir vontade de procrastinar, esforce-se para atender a essa vontade da melhor maneira possível. Isso geralmente ajuda quando seu problema é se forçar a fazer a tarefa, mas sem conseguir. Assim, force-se a procrastinar.

Mais uma vez, deixe-me enfatizar que você fará melhor proveito dessas dicas após ter feito algum progresso no desenvolvimento de uma filosofia antiprocrastinação. No entanto, elas podem ser usadas por conta própria, especialmente no curto prazo.

Espere o retrocesso e lide com ele

Após ter progredido na superação do seu problema crônico de procrastinação, tudo será mais fácil dali em diante? Receio que não. Por isso, é importante que você se prepare para algum retrocesso. Isso significa que, às vezes, você dará dois passos para a frente e um para trás, e, em outras ocasiões, dará um passo para a frente e dois para trás. É importante reconhecer que essa é uma parte natural do processo de mudança e que você se abstenha de adotar uma atitude horrorizante em relação a quaisquer contratempos que venha a experimentar. Em vez disso, é importante reconhecer que tais contratempos são lamentáveis, mas não terríveis. Essa atitude vai ajudá-lo a aprender com eles. Assim, uma vez que começar a procrastinar novamente após um período de execução de tarefas no prazo (ou até mesmo antes), descubra o motivo pelo qual falhou. Frequentemente, o motivo será o mesmo que o levou a procrastinar em primeiro lugar; nesse caso, você precisa retomar os métodos que usou para resolver esse problema originalmente. No entanto, o motivo pelo qual falhou às vezes é diferente do motivo pelo qual procrastinou em primeiro lugar. Nesse caso, você precisa identificar as condições cuja presença você exigia antes de iniciar a tarefa, da mesma forma que fez ao identificar os motivos de sua procrastinação original. Então, é necessário identificar as atitudes rígidas exigentes, horrorizantes, intolerantes e/ou de desvalorização do outro ou de si/ou de desvalorização da vida às quais estava se apegando em relação à adversidade relevante, bem como as alternativas flexíveis e não extremas, e questionar esses dois conjuntos de atitudes usando os métodos explicados no Capítulo 5.

Outra maneira de lidar com o retrocesso é desenvolver uma lista de fatores aos quais você provavelmente responderá com procrastinação. Trata-se dos chamados fatores de vulnerabilidade. Recomendo que lide com esses fatores antes de encontrá-los na realidade, usando todos os métodos que discuti neste livro. Assim, você estará mais bem preparado para quando realmente deparar-se com eles na vida real e terá menos probabilidade de procrastinar como resultado.

Todos os seres humanos procrastinam, pois isso faz parte da condição humana. No entanto, se usar os métodos descritos neste livro e se comprometer a fazê-lo agora e no futuro, você não terá mais um problema crônico de procrastinação. Se já colocou em prática as ideias e os métodos que descrevi neste livro, espero que tenham sido úteis para você. Se decidiu ler o livro primeiro e está planejando colocar o que leu em prática, fico feliz com isso. Só um lembrete: não espere até amanhã para começar. Faça-o agora!

A autodisciplina permite escolher quem você deseja ser e, assim, viver de acordo com os seus projetos. Se você deseja experimentar uma vida com propósito, construir bons hábitos e atingir seus objetivos, há uma habilidade que é mais importante do que qualquer outra: a autodisciplina. Autodisciplina não é questão de punição, mas de autorrespeito. Não se trata de ser inflexível, mas de levar uma vida melhor. É a superpotência do foco em um mundo de distrações – o que permite superar procrastinações, desculpas esfarrapadas, maus hábitos, baixa motivação, fracassos e dúvidas sobre si mesmo. Com ela, você pode manter-se no caminho alinhado a seus valores e objetivos, inclusive nos momentos em que lhe faltar inspiração.

Se você já tentou de tudo e não obteve os resultados que esperava, então esta obra é para você. A autodisciplina consciente vai muito além de construir hábitos, gerenciar o tempo e forçar a si mesmo. É mais gentil, mais realizável e enraizada em levar uma vida com propósito.

Se você acha que não foi feito para ter autodisciplina, repense.